Kauderwelsch
Band 123

Impressum

Alfredo L. Hernández
Spanisch für Cuba — Wort für Wort
erschienen im
REISE KNOW-HOW Verlag Peter Rump GmbH
Osnabrücker Str. 79, D-33649 Bielefeld
info@reise-know-how.de

5. Auflage 2004

Bearbeitung Eva-Maria Heidmann
Layout Svenja Lutterbeck
Layout-Konzept Günter Pawlak, FaktorZwo! Bielefeld
Umschlag Peter Rump (Titelfoto: Uwe Steinmeier)
Fotos Frank Herbst
Druck und Bindung Wilhelm & Adam, Heusenstamm; Buchbinderei Keller, Fulda

ISBN 3-89416-323-2
Printed in Germany

Kauderwelsch

Alfredo L. Hernández

Spanisch für Cuba

Wort für Wort

REISE KNOW-HOW
im Internet
www.reise-know-how.de
info@reise-know-how.de

Aktuelle Reisetipps und Neuigkeiten, Ergänzungen nach Redaktionsschluss, Büchershop und Sonderangebote rund ums Reisen

Kauderwelsch-Sprechführer sind anders!

Warum? Weil sie Sie in die Lage versetzen, wirklich zu sprechen und die Leute zu verstehen.

Wie wird das gemacht? Abgesehen von dem, was jedes Sprachbuch bietet, nämlich Vokabeln, Beispielsätze etc., zeichnen sich die Bände der Kauderwelsch-Reihe durch folgende Besonderheiten aus:

Die **Grammatik** wird in einfacher Sprache so weit erklärt, dass es möglich wird, ohne viel Paukerei mit dem Sprechen zu beginnen, wenn auch nicht gerade druckreif.

Alle Beispielsätze werden doppelt ins Deutsche übertragen: zum einen **Wort-für-Wort**, zum anderen in „ordentliches" Hochdeutsch. So wird das fremde Sprachsystem sehr gut durchschaubar. Denn in einer fremden Sprache unterscheiden sich z. B. Satzbau und Ausdrucksweise recht stark vom Deutschen. Ohne diese Übersetzungsart ist es so gut wie unmöglich, schnell einzelne Wörter in einem Satz auszutauschen.

Die **Autorinnen** und **Autoren** der Reihe sind Globetrotter, die die Sprache im Land selbst gelernt haben. Sie wissen daher genau, wie und was die Leute auf der Straße sprechen. Deren Ausdrucksweise ist nämlich häufig viel einfacher und direkter als z. B. die Sprache der Literatur oder des Fernsehens.

Besonders wichtig sind im Reiseland **Körpersprache, Gesten, Zeichen** und **Verhaltensregeln**, ohne die auch Sprachkundige kaum mit Menschen in guten Kontakt kommen. In allen Bänden der Kauderwelsch-Reihe wird darum besonders auf diese Art der nonverbalen Kommunikation eingegangen.

Kauderwelsch-Sprechführer sind keine Lehrbücher, aber viel mehr als Sprachführer! Wenn Sie ein wenig Zeit investieren und einige Vokabeln lernen, werden Sie mit ihrer Hilfe in kürzester Zeit schon Informationen bekommen und Erfahrungen machen, die „taubstummen" Reisenden verborgen bleiben.

Inhalt

Konversation

Anhang

USO PARTICULAR

Vorwort

Kuba, „die Perle der Karibik" (**la perla del Caribe**) ist die größte Insel in der Karibischen See. Seit 1959, als Castro die Führung des Landes übernahm, gab es so gut wie keinen Tourismus auf Kuba. Nach dem Fall der Mauer und dem Zusammenbruch des Ostblocks war die Führung Kubas gezwungen, sich dem Tourismus zu öffnen. Es ist sehr spannend zu sehen, wie der Tourismus langsam das ganze System verändert. Der Tourist wird als wichtiger Devisenbringer hofiert und als Überbringer der westlichen „freien" Werte ein wenig misstrauisch beäugt.

Kuba, wie der überwiegende Teil der lateinamerikanischen Länder, (mit wenigen Ausnahmen wie z. B. Belize, Brasilien) gehört zu den Spanisch sprechenden Ländern. Spanisch ist die Landessprache; es gibt jedoch viele Dialekte und Besonderheiten, auf die ich in diesem Buch eingehen werde.

Durch die relativ späte Entwicklung des Tourismus und die Abschottung gegen die USA kann man nur im Tourismusbereich davon ausgehen, dass Englisch gesprochen wird. Für einen Abstecher in das Landesinnere sollte man dies nicht erwarten. Jedoch kann man dort unerwartet auf Kubaner treffen, die hervorragend Deutsch sprechen, da sie in der DDR ausgebildet wurden.

Vor allem in der Aussprache und Intonation variiert das Spanisch selbst innerhalb Kubas erheblich. So sind z. B. Menschen aus Havanna und Oriente selbst für einen Touristen an der Aussprache zu unterscheiden. Auch wenn Kuba ein armes Land ist, so ist die Bevölkerung doch sehr hilfsbereit und (noch) nicht zu aufdringlich, was es zu einem idealen Ort zum Erproben der eigenen Spanischkenntnisse macht. Auch über Kriminalität braucht man sich nicht allzu viele Sorgen zu machen, man kann Kuba als sicheres Land für Touristen bezeichnen.

Mit ein wenig Spanisch werden Sie einen viel besseren Zugang zu den Menschen und der Kultur in Kuba bekommen, was gleichzeitig hilft, seine Sprachkenntnisse zu erweitern.

Das Buch richtet sich an Anfänger und Leute mit Spanischkenntnissen, bietet einen einfachen und übersichtlichen Einblick in die Grammatik. Es ist so aufgebaut, dass innerhalb kürzester Zeit Dialoge möglich werden. Ein wichtiger Bestandteil sind die Alltagsfloskeln und Basisvokabeln aus vielen Bereichen. Ergänzt um die touristischen Hinweise und Ratschläge sollte es (sicher angesichts seines geringen Gewichts) im Handgepäck eines jeden Kuba-Besuchers Platz haben.

Viel Spaß und **¡Buen Viaje a Cuba!**
Alfredo L. Hernández

Hinweise zur Benutzung

Der Sprechführer „Spanisch für Kuba" ist in drei wichtige Abschnitte gegliedert:

Die **Grammatik** beschränkt sich auf das Wesentliche und ist so einfach gehalten wie möglich. Sie will zunächst mit den wesentlichen Regeln des in Kuba gesprochenen Spanisch vertraut machen. Viele grammatikalische Erscheinungen, zumal Ausnahmen und sprachliche Feinheiten, müssen bei dieser knappen Darstellung naturgemäß unberücksichtigt bleiben. Aber auch so bietet dieser Abschnitt genügend Stoff, der sicher nicht bei einmaligem Durchgang zu bewältigen, sondern wohl eher Schritt für Schritt unter ständiger Bezugnahme auf den Konversationsteil zu erarbeiten ist.

Im **Konversationsteil** finden Sie Sätze aus dem Alltagsgespräch, die Ihnen einen ersten Eindruck davon vermitteln sollen, wie die spanische Sprache „funktioniert" und die Sie auf das vorbereiten sollen, was Sie später in Kuba hören werden.

Mit Hilfe der **Wort-für-Wort-Übersetzung** können Sie bald eigene Sätze bilden. Sie können die Beispielsätze als Fundus von Satzschablonen und -mustern benutzen, die Sie selbst Ihren Bedürfnissen anpassen. Mit etwas Kreativität und Mut können Sie sich neue Sätze „zusammenbauen", auch wenn das

Ergebnis nicht immer grammatikalisch perfekt ausfällt.

Um die sich vom Deutschen unterscheidende Wortfolge spanischer Sätze besser durchschauen zu können, ist die Wort-für-Wort-Übersetzung *kursiver* Schrift ergänzt. Jedem spanischen Wort entspricht ein Wort in der Wort-für-Wort-Übersetzung. Wird ein spanisches Wort im Deutschen durch zwei Wörter wiedergegeben, werden diese zwei Wörter in der Wort-für-Wort-Übersetzung mit einem Bindestrich verbunden:

¿Hay un hotel aquí?
(es-)gibt ein Hotel hier
Gibt es hier ein Hotel?

Werden in einem Satz mehrere Wörter genannt, die man untereinander austauschen kann, steht ein Schrägstrich zwischen diesen:

Soy alemán/suizo/austríaco.
(ich-)bin Deutscher/Schweizer/Österreicher
Ich bin Deutscher/Schweizer/Österreicher.

Seitenzahlen
Um Ihnen den Umgang mit den Zahlen zu erleichtern, wird auf jeder Seite die Seitenzahl auch in Spanisch angegeben!

In Sätzen mit dem Tätigkeitswort „sein" macht es einen Unterschied, ob eine Frau oder ein Mann den betreffenden Satz spricht, ob eine Frau oder ein Mann angesprochen wird, oder ob man über eine Frau oder einen Mann spricht. Im spanischen Satz und in der Wort-für-Wort-Übersetzung werden beide Formen wie folgt angegeben:

Estoy cansado/cansada.
(ich-)bin müde(m/w)
Ich bin müde.

Hier spricht ein Mann die Variante vor dem Schrägstrich, eine Frau jedoch die Form nach dem Schrägstrich!

Die **Wortlisten** am Ende des Buches helfen Ihnen dabei. Sie enthalten einen Grundwortschatz von je ca. 1000 Wörtern Deutsch-Spanisch und Spanisch-Deutsch, mit denen man einen Großteil der Gesprächssituationen meistern kann.

Die **Umschlagklappe** hilft, die wichtigsten Sätze und Formulierungen stets parat zu haben. Hier finden sich außerdem die wichtigsten Angaben zur Aussprache und die Abkürzungen, die in der Wort-für-Wort-Übersetzung und in den Wortlisten verwendet werden; weiterhin eine kleine Liste der wichtigsten Fragewörter, Richtungs- und Zeitangaben. – Wer ist nicht schon einmal aufgrund missverstandener Gesten im fremden Land auf die falsche Fährte gelockt worden?

Aufgeklappt ist der Umschlag eine wesentliche Erleichterung, da nun die gewünschte Satzkonstruktion mit dem entsprechenden Vokabular aus den einzelnen Kapiteln kombiniert werden kann.

Wenn alles nicht mehr weiterhilft, dann ist vielleicht das Kapitel „Nichts verstanden? – Weiterlernen!" der richtige Tipp. Es befindet sich ebenfalls im Umschlag, stets bereit, mit der richtigen Formulierung für z. B. „Ich verstehe leider nicht." oder „Können Sie das bitte wiederholen?" auszuhelfen.

Kubanismen

Meist werden die spanischen Bezeichnungen aber ebenfalls verstanden.

rumbero *(ein sehr rhythmischer Musiker)*

Die in diesem Kapitel vorgestellten Ausdrücke umfassen zwei Bereiche:

Vieles wird in Kuba anders bezeichnet als in Spanien. So heißt z. B. „Bus" im Spanischen **autobús**, im Kubanischen jedoch **guagua**.

Spezifisch kubanische Ausdrücke für Gegenstände, Personen oder Zustände, die nur Kuba betreffen, z. B. **rumbero**.

vom Spanisch Spaniens abweichende Vokabeln

	Kubanisch	Spanisch
Abendessen	**comida**	**cena**
Bett	**lecho**	**cama**
Bus	**guagua**	**autobús**
Erbse	**chícharo**	**guisante**
Essen	**jama**	**comida**
Fahrkarte	**boleto**	**billete**
Fahrstuhl	**elevador**	**ascensor**
Feuer	**candela**	**fuego**
Freund	**consorte**	**amigo**
Hose	**faldo/pantalón**	**pantalón**
Hure	**ginetera**	**prostituta**
Kleiderschrank	**escaparate**	**guardaropa**
Salsa Musik	**son cubano**	**salsa**
Schaufenster	**vidriera**	**escaparate**
Schlafzimmer	**cuarto**	**dormitorio**
Socken	**medias**	**calcetines**
Stadtviertel	**reparto/barrio**	**barrio**
Zuflucht	**guarida**	**refugio**

speziell kubanische Begriffe

bemba	Lippe	**cabezón**	Besserwisser
chivato	Denunziant	**chulo**	Zuhälter
descarado	frech	**gallina**	Feigling
gueguón	Faulenzer	**tipejo**	asozial
tacos	Umgangssprache für Schuhe		
tetera/ colador	primitiver Dauerfilteraufsatz aus Stoff (für Kaffee, Tee)		
verdes	Bezeichnung für den Dollar		

Wortspiele

Häufig wird man in Kuba sogenannte **juegos de palabras** (Wortspiele) zu hören bekommen und sie wahrscheinlich zum größten Teil nicht verstehen. Vor allem die kubanischen Männer lieben es, eigentlich harmlose Begriffe wie **meter** (hineinstecken) oder **sacar** (herausziehen) für mehr oder weniger kunstvolle zweideutige Anspielungen zu benutzen, die nicht böse gemeint sind, auch wenn man (etwa aufgrund irgendeiner unglücklichen Ausdrucksweise) selber gerade das Objekt der Heiterkeit ist.

Eine andere Art von Wortspielen entsteht, wenn bestimmte Wörter als Synonyme für ähnlich klingende, aber bedeutungsmäßig völlig verschiedene Begriffe verwendet werden, „zum Bleistift" **algodones** (Baumwolle) anstelle von **algo** (etwas).

Kauderwelsch-AusspracheTrainer

Falls Sie sich die wichtigsten spanischen Sätze, die in diesem Buch vorkommen, einmal von einem Cubaner gesprochen anhören möchten, kann Ihnen Ihre Buchhandlung den ***AusspracheTrainer*** *zu diesem Buch besorgen. Sie bekommen ihn auch über unseren Internetshop* ***www.reise-know-how.de*** *Alle Sätze, die Sie auf dem* ***Kauderwelsch-AusspracheTrainer*** *hören können, sind in diesem Buch mit einem* 👂 *gekennzeichnet.*

Aussprache & Betonung

Die Selbstlaute (**a**, **e**, **i**, **o**, **u**) werden wie im Deutschen ausgesprochen. Zwischen langen und kurzen Selbstlauten wird nicht unterschieden. Aufeinanderfolgende Selbstlaute werden getrennt gesprochen. Die beliebtesten „Fallen" sind:

Selbstlaute

ie	„i" und „e" werden getrennt gesprochen, nicht wie langes „i", sondern wie in „R**ie**ka" **quiero** (ich will)
ei	„e" und „i" werden getrennt gesprochen, nicht wie in „L**ei**ter", sondern wie in „b**ei**nhalten" (jedoch ohne Stimmverschluss zwischen **e** und **i**!) **aceite** (Öl)
eu	„e" und „u" werden getrennt gesprochen, nicht wie in „H**eu**", sondern wie in „b**eu**nruhigt" (jedoch ohne Stimmerschluss zwischen **e** und **u**!) **Europa** (Europa)

Mitlaute

Besondere Schwierigkeiten bereitet die Aussprache des Castellano nicht. Den einzelnen Buchstaben(verbindungen) entsprechen in den meisten Fällen die gleichen Laute wie im Deutschen. Als zusätzlichen Buchstaben im spanischen Alphabet hat man lediglich das **ñ** zu lernen.

Die größte Hürde für Deutschsprachige ist sicherlich das „gerollte" Zungenspitzen-**r**, das es zudem auch noch in zwei Versionen gibt. Doch keine Angst, auch mit einem deutschen **r** wird man verstanden.

Dagegen bedeutet der in ganz Lateinamerika übliche „**seseo**" sicherlich eine Erleichterung für den Lernenden: **c** (vor **e** und **i**) sowie **z** werden wie das deutsche „ß" ausgesprochen und nicht wie das englische „th", wie es in Spanien üblich ist.

Bei folgenden Lauten weicht die Aussprache vom Deutschen ab:

b, **v**	Laut zwischen deutschem „b" und „w", am Wortanfang fast wie „b" **boca** (Mund); **vaca** (Kuh)
c, **cc**	vor **e** und **i** wie „ss" in „mu**ss**", vor **a**, **o**, **u** und Mitlauten wie „k",wie „kß" **cerveza** (Bier); **casa** (Haus); **accidente** (Unfall)
ch	wie „tsch" in „Ma**tsch**" **mucho** (viel)
g	vor **e**, **i** wie „ch" in „Bach"; vor **a**, **o**, **u** und Mitlauten wie deutsches „g" **gente** (Leute); **gato** (Katze)
gue, **gui**	wie „ge" bzw. „gi", das **u** wird nicht gesprochen und zeigt nur an, dass das **g** nicht wie „ch" klingt; **guitarra** (Gitarre)

güe, **güi**	wie "gue" bzw "gui": soll das **u** vor **e** und **i** dennoch hörbar sein, steht statt **u** ein **ü** (selten); **ungüento** (Salbe)
gua	wie „gua" (vor **a** ist das **u** immer hörbar!) **agua** (Wasser)
h	wird nicht gesprochen **hora** (Stunde)
j	wie „ch" in „Bach" **viejo** (alt)
ll	wie „j" in „**J**unge" **calle** (Straße)
ñ	wie „nj" in „A**nj**a" **baño** (Toilette)
qu	wie „k" (nie „kw"!), tritt nur vor **e** und **i** auf, das **u** ist „stumm" **queso** (Käse)
r	Zungenspitzen-r mit nur einem „Schlag", am Wortanfang gerollt; **pero** (aber); **río** (Fluss)
rr	wird stark gerollt **perro** (Hund)
s	wie „ss" wie in „mu**ss**" **sol** (Sonne)
x	Das **x** wird normalerweise wie das deutsche „x"(also „kß") ausgesprochen. **taxi** *„takßi"* (Taxi)
y	vor Vokalen wie „j" in „**J**unge"; alleinstehend oder am Wortende wie „i" **ayer** (gestern); **hoy** (heute); **y** (und)
z	wie „ss" in „mu**ss**" **azúl** (blau)

Betonung

Wörter, die auf einen Selbstlaut, auf **n** oder **s** enden, werden in der Regel auf der vorletzten Silbe betont, alle übrigen auf der letzten Silbe.

Hierbei ist zu beachten, dass Selbstlaut-Verbindungen, die mit **i** oder **u** beginnen, als einsilbig gelten – **patio** (Hof) wird demnach auf dem **a** betont. Alle anderen Selbstlaut-Verbindungen jedoch gelten als zweisilbig – **paseo** (Spaziergang) wird also auf dem **e** betont. Abweichungen von diesen Regeln werden durch einen Akzent auf der zu betonenden Silbe angezeigt, z. B.: **avión** (Flugzeug).

Manchmal ist die Betonung entscheidend für die Bedeutung eines Wortes:

esta	diese	**está**	er/sie ist
papa	Papst; Kartoffel	**papá**	Papa
compro	ich kaufe	**compró**	er/sie kaufte

Akzente dienen darüber hinaus bei einigen einsilbigen Wörtern, die unterschiedliche Bedeutungen haben, als Unterscheidungsmerkmal.

el	der	**él**	er
tu	dein	**tú**	du
mi	mein	**mí**	mich
de	von	**dé!**	geben Sie!
si	wenn	**sí**	ja

Kubanische Besonderheiten in der Aussprache

Wie in jedem anderen Land, gibt es natürlich auch auf Kuba unterschiedliche Dialekte. Hinzu kommt, dass viele Kubaner es mit der Aussprache nicht allzu genau nehmen und die Wörter gerne verkürzen: „¡Voy pa' elá!“ statt ¡Voy para allá! (Ich gehe dorthin).

Wörter, die weiterhelfen

Mit folgenden Wörten und Sätzen, für die Sie keine Grammatikkenntnisse benötigen, ist eine erste Verständigung möglich:

Estoy buscando ...	Ich suche ...

Estoy buscando un restaurante.
(ich-)bin suchend ein Restaurant
Ich suche ein Restaurant.

Estoy buscando el centro de la ciudad.
(ich-)bin suchend der Zentrum von die Stadt
Ich suche das Stadtzentrum.

In diesen Fragesatz (und auch in die folgenden Fragen) kann man alle sinnvollen Wörter aus der Wortliste unverändert einsetzen, z. B.:

un médico	ein Arzt	**el hospital**	das Krankenhaus
la embajada	die Botschaft	**la policía**	die Polizei
la guagua	der Bus	**una tienda**	ein Geschäft
el aeropuerto	der Flughafen	**un taxi**	ein Taxi
el consulado	das Konsulat	**un teléfono**	ein Telefon

¿Hay ...?	Gibt es ...?

¿Hay café?
(es-)hat Kaffee
Gibt es Kaffee?

¿Hay un hotel aquí?
(es-)hat ein Hotel hier
Gibt es hier ein Hotel?

Sí, hay.
ja (es-)hat
Ja, gibt es.

No, no hay.
nein nicht (es-)hat
Nein, gibt es nicht.

¿Dónde hay ...?	Wo gibt es ...?

¿Dónde hay una farmacia?
wo (es-)hat eine Apotheke
Wo gibt es eine Apotheke?

¿Dónde hay un banco?
wo (es-)hat ein Bank
Wo gibt es eine Bank?

¿Dónde está ...?	Wo ist ...?

Fragt man nach etwas Bestimmtem, verwendet man nicht **hay** (es gibt), sondern **está** (ist).

¿Dónde está el Hotel Plaza?
Wo (er-)ist der Hotel Plaza
Wo ist das Hotel Plaza?

¿Dónde está el correo?
wo (er-)ist der Post
Wo ist die Post?

¿Dónde está la parada de guagua?
wo (sie-)ist die Haltestelle von Bus
Wo ist die Bushaltestelle?

Ungewöhnlich für den deutschen Leser ist, dass Frage- und Ausrufesätze nicht nur mit den entsprechenden Satzzeichen (? und !) abgeschlossen, sondern auch – und dann auf dem Kopf stehend – eingeleitet werden (¿ und ¡).
Sie werden dort gesetzt, wo jeweils die Frage oder der Ausruf beginnt, u. U. also auch mitten im Satz.

Wörter, die weiterhelfen

a la derecha	rechts	**a la izquierda**	links
acá, aquí	hier	**por acá**	hierhin
allá, allí	dort	**por allá**	dorthin
cerca	nah	**lejos**	weit
derecho, recto	geradeaus	**hacia atrás**	zurück
cruce (m)	Kreuzung	**semáforo**	Ampel

Man sollte sich von vornherein darauf einstellen, mehrmals verschiedene Personen fragen zu müssen. Die Antworten sind zwar meistens gutgemeint, nicht selten aber sehr unpräzise. Typisch etwa ist die Auskunft **más allá**, was etwa mit „immer weiter" zu übersetzen ist.

¿Tiene Usted ...? ¿Haben Sie ...?

¿Tiene Usted una habitación libre?
(er-/sie-)hat Sie eine Zimmer frei
Haben Sie ein freies Zimmer?

¿Tiene Usted un mapa de La Habana?
(er-/sie-)hat Sie ein Plan von La Habana
Haben Sie einen Stadtplan von Havanna?

Diese Wendung ist dann angemessen, wenn man gezielt nach etwas fragen will. Die Antworten können z. B. lauten:

Sí, lo tenemos.
ja, es (wir-)haben
Ja, haben wir.

No, no lo tengo.
nein, nicht es (ich-)habe
Nein, habe ich nicht.

Quiero ...	**Ich will ...**
Quisiera ...	**Ich hätte gern ...**

Um einen Wunsch auszudrücken, kann man sich mit **quiero** (ich will) behelfen, höflicher ist allerdings **quisiera** (ich würde wollen), das wie das deutsche „ich hätte gern/ich möchte“ verwendet wird.

Quiero una cerveza.
(ich-)will eine Bier
Ich will ein Bier.

Quisiera otra habitación.
(ich-)würde-wollen andere Zimmer
Ich hätte gern ein anderes Zimmer.

¿Cuánto cuesta ...?	**Wie viel kostet ...?**

¿Cuánto cuesta un boleto?
wie viel (er-)kostet ein Fahrkarte
Wie viel kostet eine Fahrkarte?

¿Cuánto cuesta la entrada?
wie viel (sie-)kostet die Eingang
Wie viel kostet der Eintritt?

¿Cuánto cuesta esto?
wie viel (es-)kostet dies
Wie viel kostet das da?

Hauptwörter

Anders als im Deutschen werden die Hauptwörter nicht gebeugt. Man muss sich also lediglich das grammatische Geschlecht merken und die Mehrzahlbildung beachten. Es gibt im Spanischen nur männliche **(m)** und weibliche **(w)** Hauptwörter.

Männliche Hauptwörter enden meistens auf **-o**, **-r**, **-l** oder **-n**, z. B.:

trabajo	Arbeit	**postal**	Postkarte
comedor	Esszimmer	**avión**	Flugzeug

Weibliche Hauptwörter enden in der Regel auf **-a**, **-d**, **-ción** oder **-z**:

casa	Haus	**canción**	Lied
ciudad	Stadt	**paz**	Frieden

Bei Personen wird die weibliche Form des Hauptwortes häufig durch Hinzufügen eines **-a** gebildet:

el señor	Her
la señora	Frau
el español	der Spanier
la española	die Spanierin

In anderen Fällen wird die männliche Endung **-o** durch ein **-a** ersetzt:

el niño	Junge	**la niña**	Mädchen
el tío	Onkel	**la tía**	Tante

Für einige männliche und weibliche Entsprechungen gibt es wiederum eigene Wörter:

el hombre	Mann	**la mujer**	Frau
el padre	Vater	**la madre**	Mutter

Eine ganze Reihe von Bezeichnungen, vor allem für Berufe, kennt für beide Geschlechter die gleiche Form:

el/la turista	Tourist/Touristin
el/la dentista	Zahnarzt/Zahnärztin
el/la periodista	Journalist/Journalistin

Die Namen von Meeren, Flüssen und Bergen sind in der Regel männlich:

el Caribe	Karibik
el Pico Cuba	der Pico Cuba

Ausnahmen dieser Regeln werden gekennzeichnet; z. B.:

Weil im Spanischen das grammatische Geschlecht nicht immer dem Deutschen entspricht, sollte der Artikel gleich mitgelernt werden:

el día (m)	Tag	**la mano (w)**	Hand
el mapa (m)	Landkarte	**la flor (w)**	Blume
el problema (m)	Problem	**la moto (w)**	Mofa
el pez (m)	Fisch	**la foto (w)**	Foto

Artikel

Es gibt im Spanischen den bestimmten und den unbestimmten Artikel. Anders als im Deutschen hat der unbestimmte Artikel auch eine eigene Form für die Mehrzahl, die man mit „einige“ übersetzen kann.

	bestimmter Artikel			
	männlich		weiblich	
Einzahl	**el**	der	**la**	die
Mehrzahl	**los**	die	**las**	die

	unbestimmter Artikel			
	männlich		weiblich	
Einzahl	**un**	ein	**una**	eine
Mehrzahl	**unos**	einige	**unas**	einige

el/un árbol	der/ein Baum
los/unos árboles	die/einige Bäume

Bei weiblichen Hauptwörtern, die mit einem betonten **a-** oder **ha-** beginnen, wird der männliche Artikel **el** verwendet, um das Aufeinanderstoßen zweier **a** zu vermeiden. Dazu gehören z. B.:

el águila (w)	Adler
el agua (w)	Wasser
el alma (w)	Seele

Eigenschaftswörter, die sich auf diese Hauptwörter beziehen, werden also weiblich gebeugt.

Im sprachlichen Gebrauch bleiben diese Hauptwörter jedoch weiblich.

Mehrzahl

Die Grundregel lautet: Hauptwörter, die in der Einzahl (abgekürzt: „Ez“) auf einem Selbstlaut enden, bilden die Mehrzahl (abgekürzt: „Mz“) mit einem angehängten **-s**; Hauptwörter, die auf einem Mitlaut enden, hängen für die Mehrzahl **-es** an.

casa	Haus	**casas**	Häuser
corazón	Herz	**corazones**	Herzen

Auch hier gibt es einige Ausnahmen:

So bleiben Wörter, die in der Einzahl auf **-s** enden und auf der vorletzten Silbe betont werden, in der Mehrzahl unverändert. Dazu gehören einige Wochentage, z. B. **lunes** (Montag), **martes** (Dienstag) oder Begriffe aus dem Griechischen, wie z. B. **la crisis** (die Krise).

Bei Wörtern, die auf **-z** enden, verwandelt sich der Endbuchstabe in der Mehrzahl in ein **-c**:

la luz	Licht	**las luces**	Lichter

Verkleinerungs- & Vergrößerungsform

Auf Kuba wird, wie auch in anderen lateinamerikanischen Ländern, gerne die Verkleinerungsform sowie die Vergrößerungsform verwendet. Mit ihnen werden nicht nur quantitative Abstufungen angezeigt, sie dienen vor allem dazu, sich betont herzlich auszudrücken.

Die am meisten benutzten Endungen sind **-ito (m)** bzw. **-ita (w)** für die Verkleinerung und **-ote (m)** bzw. **-ota (w)** für die Vergrößerung.

un beso	Kuss	**una casa**	Haus
un besito	Küsschen	**una casita**	Häuschen
un besote	dicker Kuss	**una casota**	großes Haus

Die Verkleinerungs- und Vergrößerungsform kann nicht nur bei Hauptwörtern, sondern auch bei Eigenschafts- und Umstandswörtern angewendet werden.

Aus **chico** (klein) wird z. B. **chiquito** oder gar **chiquitito** (winzig), **grande** (groß) kann sowohl zu **grandote** als auch zu **grandecito** werden, **chaíto** heißt „Tschüsschen", **tantito** (sovielchen) heißt „ein bisschen" und **nadita** (nichtschen) „kein bisschen".

Dieses & Jenes

Im Gegensatz zum Deutschen, das nur zwei hinweisende Fürwörter („dieses“ und „jenes“) aufweist, besitzt das Castellano drei. Ihr Gebrauch richtet sich nach der Entfernung vom Sprecher.

Este („dieses hier“) weist auf eine Sache oder Person hin, die sich nahe beim Sprechenden befindet. Mit **ese** („dieses da“) bezeichnet man ein Objekt, das etwas weiter entfernt ist oder sich beim Angesprochenen befindet. Häufig wird es auch in abschätziger Bedeutung gebraucht. **Aquel** („jenes“) schließlich verweist auf etwas, das örtlich oder auch zeitlich entfernter liegt.

	männlich	weiblich	unpersönlich
Ez	**este**	**esta**	**esto**
Mz	**estos**	**estas**	-
Ez	**ese**	**esa**	**eso**
Mz	**esos**	**esas**	-
Ez	**aquel**	**aquella**	**aquello**
Mz	**aquellos**	**aquellas**	-

Die hinweisenden Fürwörter stehen vor dem Hauptwort, auf das sie sich beziehen, und richten sich in Zahl und Geschlecht nach diesem.

Eigenschaftswörter

Eigenschaftswörter stehen meistens hinter dem Hauptwort, auf das sie sich beziehen, und richten sich in Zahl und Geschlecht nach diesem. Die männliche Form des Eigenschaftswortes endet in der Regel auf -**o**, die weibliche Form auf -**a**:

el libro nuevo	das neue Buch
la casa nueva	das neue Haus

Bei einigen Eigenschaftswörtern, vor allem bei jenen, die auf **-e** oder **-l** enden, stimmen männliche und weibliche Form überein, z. B.:

un caso difícil	ein schwieriger Fall
una cosa difícil	eine schwierige Sache
un hombre elegante	ein eleganter Mann
una mujer elegante	eine elegante Frau

Die Mehrzahl wird bei den Eigenschaftswörtern in gleicher Weise wie bei den Hauptwörtern gebildet: Endet das Eigenschaftswort auf einem Selbstlaut, wird **-s** angehängt, endet es jedoch auf einem Mitlaut, wird **-es** angehängt.

Die Eigenschaftswörter bueno *(gut),* malo *(schlecht) und* grande *(groß) stehen jedoch meistens vor dem Hauptwort.*

nuevo	neu (m)	**nuevos**	neue (m, Mz)
nueva	neu (w)	**nuevas**	neue (w, Mz)
difícil	schwierig	**difíciles**	schwierige (Mz)
feliz	glücklich	**felices**	glückliche (Mz)

Vor einem männlichen Hauptwort werden **bueno** und **malo** verkürzt, d. h. die Endung **-o** entfällt. **Grande** wird sowohl vor einem männlichen als auch vor einem weiblichen Hauptwort zu **gran** verkürzt.

Auch die Ordnungszahlen primero *und* tercero *werden verkürzt.*

un buen amigo	ein guter Freund
el primer día	der erste Tag
un mal día	ein schlechter Tag
una gran cocinera	eine große Köchin

eine tolle Köchin

Die Eigenschaftswörter **mucho** (viel), **poco** (wenig) und **otro** (ein anderer) stehen immer vor dem Hauptwort.

mucho tiempo	viel Zeit
poco dinero	wenig Geld
otra amiga	eine andere Freundin

Vor otro *steht übrigens nie der unbestimmte Artikel.*

wichtige Eigenschaftsswörter

bueno	gut	**malo**	schlecht
grande	groß	**chico**	klein
largo	lang	**corto**	kurz
bajo	niedrig	**alto**	hoch
mucho	viel	**poco**	wenig
rápido	schnell	**lento**	langsam
claro	hell	**oscuro**	dunkel
frío	kalt	**caliente**	heiß
limpio	sauber	**sucio**	schmutzig
suave	weich	**duro**	hart
viejo	alt	**nuevo/ joven**	neu; jung

feliz	glücklich	**triste**	traurig
bonito/ lindo	hübsch	**feo**	hässlich
trabajador	fleißig	**flojo**	faul
pobre	arm	**rico**	reich
inteligente	klug	**tonto**	dumm
barato	billig	**caro**	teuer
fácil	einfach	**difícil**	schwierig
liviano	leicht	**pesado**	schwer
mojado	nass	**seco**	trocken
correcto	richtig	**falso**	falsch
lleno	voll	**vacío**	leer

Farben

blanco	weiß	**azul**	blau
amarillo	gelb	**verde**	grün
naranja	orange	**marrón**	braun
rojo	rot	**negro**	schwarz
lila	lila	**gris**	grau

Steigern & Vergleichen

Bei der Steigerung wird das Eigenschaftswort nicht wie im Deutschen gebeugt, man verwendet vielmehr das Wort **más** (mehr), das beim Komparativ (1. Steigerungsstufe) vor das Eigenschaftswort gestellt wird. Der Superlativ (2. Steigerungsstufe) wird gebildet, indem zusätzlich der bestimmte Artikel vorangestellt wird. Dabei richtet sich das Eigenschaftswort und der Artikel in Zahl und Geschlecht nach dem dazugehörigen Hauptwort.

steigern

bonito | **más bonito** | **el más bonito**
schön | *mehr schön* | *der mehr schön*
schön | schöner | der schönste

bonita | **más bonita** | **la más bonita**
schöne | *mehr schöne* | *die mehr schöne*
schöne | schönere | die schönste

Einige häufig verwendete Eigenschaftswörter haben unregelmäßige Steigerungsformen:

mucho	viel	**más**	mehr
poco	wenig	**menos**	weniger
bueno	gut	**mejor**	besser
malo	schlecht	**peor**	schlechter
grande	groß	**mayor**	größer
chico	klein	**menor**	kleiner

más grande
más chico

Sehr verbreitet ist auch die Verstärkung eines Eigenschaftswortes durch Anhängen der Endungen **-ísimo (m)** bzw. **-ísima (w)**.

Carlos es altísimo.
Carlos (er-)ist größt
Carlos ist riesengroß.

Achtung: Bei Personen bedeutet mayor *„älter“ und* menor *„jünger“, während die Körpergröße mit* alto *(hoch) und* bajo *(niedrig) ausgedrückt wird.*

Esta cesta es baratísima.
diese Korb (sie-)ist billigst
Dieser Korb ist spottbillig.

Des Weiteren besteht die Möglichkeit, mit Hilfe des Umstandswortes **muy** (sehr) eine Steigerung auszudrücken. Es steht grundsätzlich vor dem Eigenschaftswort.

¡Muy bien hecho!
sehr gut gemacht
Sehr gut gemacht!

una mujer muy bonita
eine Frau sehr hübsche
eine sehr hübsche Frau

vergleichen

In einem Vergleichssatz wird ein Unterschied mit **más/menos ... que** (mehr/weniger ... als) – bzw. mit den unregelmäßigen Formen – und eine Gleichheit mit **tan ... como** (so ... wie) ausgedrückt.

Este carro es tan caro como ese.
dieser Auto (er-)ist so teuer wie der-da
Dieses Auto ist genauso teuer wie das da.

Alejandro es más alto que Lorenzo.
Alejandro (er-)ist mehr hoch als Lorenzo
Alejandro ist größer als Lorenzo.

En Cuba el tiempo es mejor que en Alemania.
in Cuba der Wetter (er-)ist besser als in Deutschland
Auf Kuba ist das Wetter besser als in Deutschland.

Umstandswörter

Mit Umstandswörtern (Umst.) kann man Tätigkeitswörter (Verben), Eigenschaftswörter sowie andere Umstandswörter näher bestimmen. Man unterscheidet selbstständige Umstandswörter, z. B. die der Zeit („heute, immer, nie" usw.), Umstandswörter des Grades („sehr, mehr") und Umstandswörter, die von Eigenschaftswörtern abgeleitet werden. Es ist allerdings sehr verbreitet, wenn auch nicht ganz korrekt, anstelle der Umstandswörter die Eigenschaftswörter selbst zu benutzen.

lento/lenta	langsam (m/w)
lentamente	langsam
rápido/rápida	schnell (m/w)
rápidamente	schnell

Um aus Eigenschaftswörtern Umstandswörter zu bilden, hängt man an die weibliche Form des Adjektivs die Endung -mente.

Lentamente María sube la escalera.
langsam Maria (sie-)hinaufgeht die Leiter
Maria steigt langsam die Leiter hoch.

un caso eminentemente difícil
ein Fall außerordentlich schwierig
ein außerordentlich schwieriger Fall

Einige Eigenschaftswörter bilden unregelmäßige Umstandswörter:

bueno (Eig.) gut	**bien** (Umst.) gut
malo (Eig.) schlecht	**mal** (Umst.) schlecht

Persönliche Fürwörter

Des Weiteren gibt es bei der höflichen Anrede verschiedene Formen, je nachdem, ob eine oder mehrere Personen angeredet werden.

Im Gegensatz zum Deutschen unterscheidet man eine männliche und eine weibliche Form für „wir" und „sie" (Mz), wobei für gemischte Gruppen jeweils die männliche Form benutzt wird.

yo	ich
tú	du
él/ella	er/sie
Usted	Sie (höfliche Anrede Ez)
nosotros/nosotras	wir (m/w)
ustedes	ihr
ellos/ellas	sie (m/w, Mz)
Ustedes	Sie (höfliche Anrede Mz)

Generell werden die persönlichen Fürwörter in der gesprochenen Sprache nur zur Betonung der Person hinzugesetzt, da die handelnde Person meistens aus der Endung des Tätigkeitswortes hervorgeht.

Ein markanter Unterschied zu dem in Spanien gesprochenen Spanisch besteht in der Ersetzung des persönlichen Fürwortes für die 2. Person Mehrzahl **vosotros** durch **ustedes**, die Form für die höfliche Anrede. Entsprechend wird auch die Verbform der 3. Person Mehrzahl übernommen.

In der Schriftsprache werden die Höflichkeitsformen häufig abgekürzt: für **Usted** verwendet man **Ud.**, für **Ustedes Uds.**

Él sabe qué hacer, yo no.
er (er-)weiß was machen, ich nicht
Er weiß, was zu tun ist, ich (dagegen) nicht.

Wem? oder Wen?

Die Formen der persönlichen Fürwörter auf die Fragen „wem?“ oder „wen?“ lauten wie folgt:

Frage: „wem?“				**Frage: „wen?“**	
	unbetont		betont		
ich	mir	**me**	**a mí**	mich	**me**
du	dir	**te**	**a ti**	dich	**te**
er	ihm	**le**	**a él**	ihn	**lo**
sie	ihr	**le**	**a ella**	sie	**la**
Sie	Ihnen (Ez)	**le**	**a Usted**	Sie (m/w)	**lo/la**
wir	uns	**nos**	**a nosotros/-as**	uns	**nos**
ihr	euch	**les**	**a ustedes**	euch(m/w)	**los/las**
sie	ihnen (m/w)	**les**	**a ellos/-as**	sie (m/w)	**los/las**
Sie	Ihnen (Mz)	**les**	**a Ustedes**	Sie (m/w)	**los/las**

Carlos me escribe.
Carlos mir (er-)schreibt.
Carlos schreibt mir.

Te quiero.
dich (ich-)will
Ich liebe dich.

Die gebeugten unbetonten persönlichen Fürwörter stehen immer vor dem Verb, mit dem sie verbunden sind.

Die betonte Form wird zusätzlich zur unbetonten verwendet, um das persönliche Fürwort hervorzuheben. Sie steht immer nach dem Verb.

Carlos me escribió a mí.
Carlos mir (er-)schrieb zu mir
Carlos hat <u>mir</u> geschrieben. (... und nicht <u>dir</u>!)

Besitzanzeigende Fürwörter

Die unbetonten besitzanzeigenden Fürwörter (Possessivpronomen) stehen immer vor dem Hauptwort, auf das sie sich beziehen. Männliche und weibliche Formen treten nur in der 1. Person Mehrzahl („unser") auf. Dann richtet sich das besitzanzeigende Fürwort in Geschlecht nach dem Hauptwort, das den Besitz bezeichnet. Steht der Besitz in der Mehrzahl, wird wie bei den Hauptwörtern ein **-s** an das besitzanzeigende Fürwort gehängt.

mein Buch	**mi libro**
meine Bücher	**mis libros**
ihr Freund	**su amigo**
ihre Freunde	**sus amigos**
unser Auto	**nuestro carro**
unsere Autos	**nuestros carros**
unser Haus	**nuestra casa**
unsere Häuser	**nuestras casas**

	Besitz	Einzahl	Besitz	Mehrzahl
ich	mein	**mi**	meine	**mis**
du	dein	**tu**	deine	**tus**
er	sein	**su**	seine	**sus**
sie	ihr	**su**	ihre	**sus**
Sie	Ihr	**su**	Ihre	**sus**
wir	unser	**nuestro/-a**	unsere	**nuestros/-as**
ihr	euer	**su**	eure	**sus**
sie	ihr	**su**	ihre	**sus**
Sie	Ihr	**su**	Ihre	**sus**

Neben diesen besitzanzeigenden Fürwörtern, die nur zusammen mit einem dazugehörigen Hauptwort stehen, gibt es die sogenannten „betonten" besitzanzeigenden Fürwörter.

Sie stehen z. B. als Satzergänzung (Objekt) in Sätzen mit dem Verb „sein" und richten sich nach dem Satzgegenstand (Subjekt) in Zahl und Geschlecht. Die Endungen sind mit denen der Eigenschaftswörter identisch.

mein	**mío**	unser	**nuestro**
dein	**tuyo**	euer	**suyo**
sein; ihr	**suyo**	ihr (m/w)	**suyo**
Ihr (Ez)	**suyo**	Ihr (Mz)	**suyo**

¿De quién son estas cosas?
von wer (sie-)sind diese Sachen
Wem gehören diese Sachen?

Son suyas.
(sie-)sind seine/ihre
Sie gehören ihm/ihr/ihnen.

Este carro es mío.
dieser Auto (er-)ist meiner
Dieses Auto gehört mir.

Tätigkeitswörter

Die spanischen Tätigkeitswörter sind aus einem Stamm und einer Endung zusammengesetzt. In der Grundform gibt es die folgenden drei Endungen:

Grundform

-ar	**hablar**	sprechen
-er	**comer**	essen
-ir	**vivir**	leben, wohnen

Gegenwart

Bei der Beugung ersetzt man die Endung der Grundform (**-ar**, **-er**, **-ir**) durch die Endung für die handelnde Person („ich, du" usw.). Der Stamm bleibt unverändert. Je nach Grundform-Endung werden die Verben unterschiedlich gebeugt, wobei die Unterschiede nicht allzu groß sind.

Die Bindestriche in der folgenden Tabelle sollen nur die Beugungsendung hervorheben.

	habl-ar (sprechen)	**com-er** (essen)	**viv-ir** (leben)
ich	**habl-o**	**com-o**	**viv-o**
du	**habl-as**	**com-es**	**viv-es**
er, sie, Sie	**habl-a**	**com-e**	**viv-e**
wir	**habl-am**	**com-emos**	**viv-imos**
ihr	**habl-an**	**com-en**	**viv-en**
sie, Sie	**habl-an**	**com-en**	**viv-en**

Der wohl wichtigste grammatikalische Unterschied zu dem in Spanien gesprochenen Spanisch wird sofort deutlich: Es fehlt eine eigene Verbform für die 2. Person Mehrzahl („ihr"). Stattdessen verwendet man auf Kuba die für die Höflichkeitsform gültige Endung, die der 3. Person Mehrzahl („sie") entspricht.

¿Ustedes hablan español?
Sie (sie-)sprechen Spanisch
Sprecht ihr Spanisch?/Sprechen Sie Spanisch?

Die persönlichen Fürwörter („ich, du ...") werden in der Regel weggelassen, es sei denn, sie sollen betont werden. In der Wort-für-Wort-Übersetzung ist das persönliche Fürwort in Klammern ergänzt.

Vivimos en Cienfuegos.
(wir-)leben in Cienfuegos
Wir leben in Cienfuegos.

Yo pago hoy.
ich (ich-)zahle heute
Ich bezahle heute!

Liste wichtiger Verben

anfangen	**comenzar***	kommen	**llegar**
antworten	**contestar**	kosten	**costar***
arbeiten	**trabajar**	küssen	**besar**
baden	**bañarse**	lächeln	**sonreír***
besitzen, haben	**tener***	laufen, rennen	**correr**
besuchen	**visitar**	leben	**vivir**
bezahlen	**pagar**, **cancelar**	legen	**poner***

auch: „wohnen"
auch: „stellen"

bitten	**pedir***	lernen	**aprender**
bleiben	**quedarse**	lesen	**leer**
brauchen	**necesitar**	lieben	**querer***, **amar**
bringen	**traer***	machen	**hacer***
danken	**agradecer***	nehmen	**tomar**
dauern	**tardar**	öffnen	**abrir**
einladen	**invitar**	parken	**estacionar**
eintreten	**entrar**	rauchen	**fumar**
erzählen	**contar***	rufen, schreien	**llamar**, **gritar**
fahren	**manejar**	sagen	**decir***
finden	**encontrar***	schicken	**mandar**, **enviar**
fliegen	**volar**	schlafen	**dormir***
fotografieren	**tomar una foto**	schreiben	**escribir**
geben	**entregar**	sehen	**ver***, **mirar**
gehen	**andar**, **caminar**	sprechen	**hablar**
glauben	**creer***	sterben	**morir**
grüßen	**saludar**	suchen	**buscar**
halten	**sostener***	telefonieren	**llamar por teléfono**
helfen	**ayudar**	vergessen	**olvidar**
hören	**oír***, **escuchar**	verstehen	**comprender**, **entender***
informieren	**informar**, **avisar**	versuchen (zu)	**tratar (de)**
kaufen	**comprar**	warten	**esperar**
kennen	**conocer***		

* unregelmäßiges Verb

Unregelmäßige Verben

Es gibt eine Anzahl von regelmäßig gebeugten Verben, bei denen sich bis auf die 1. Person Mehrzahl („wir") lediglich der Stamm verändert, die Beugungsendungen sind regelmäßig.

Diese Verben lassen sich zu Gruppen zusammenfassen; die wichtigsten sind folgende:

-e- wird zu -ie-:		
	pensar (denken)	**entender** (verstehen)
ich	**pienso**	**entiendo**
du	**piensas**	**entiendes**
er, sie, Sie	**piensa**	**entiende**
wir	**piensamos**	**entendemos**
ihr	**piensan**	**entienden**
sie, Sie	**piensan**	**entienden**

Zu dieser Gruppe gehören u. a. auch **querer** (wollen), **cerrar** (schließen), **comenzar** (beginnen), **recomendar** (empfehlen), **defender** (verteidigen), **perder** (verlieren).

-o- wird zu -ue-:		
	contar (erzählen)	**mover** (bewegen)
ich	**cuento**	**muevo**
du	**cuentas**	**mueves**
er, sie, Sie	**cuenta**	**mueve**
wir	**contamos**	**movemos**
ihr	**cuentan**	**mueven**
sie, Sie (Mz)	**cuentan**	**mueven**

contar *auch: „zählen"*

Unregelmäßige Verben

Zu dieser Gruppe gehören u. a. auch **poder** (können), **costar** (kosten), **encontrar** (finden, treffen), **rogar** (bitten), **doler** (schmerzen), **llover** (regnen), **volver** (zurückkommen).

Einige Verben werden völlig unregelmäßig gebeugt. Hier eine Liste der wichtigsten. Man sollte zumindest die Gegenwartsformen kennen.

Die letzte Gruppe schließlich bildet nur die 1. Person Einzahl („ich“) unregelmäßig: **-c-** wird zu **-zc-**, z. B. **conocer** (kennen) wird zu **conozco** (ich kenne). Alle anderen Formen sind regelmäßig. Zu dieser Gruppe gehören die meisten Verben, die auf **-cer** oder **-ducir** enden, z. B. **ofrecer** (anbieten), **traducir** (übersetzen).

dar (geben)	**ir** (gehen)	**oir** (hören)	**venir** (kommen)	**hacer** (machen)
doy	**voy**	**oigo**	**vengo**	**hago**
das	**vas**	**oyes**	**vienes**	**haces**
da	**va**	**oye**	**viene**	**hace**
damos	**vamos**	**oímos**	**venimos**	**hacemos**
dan	**van**	**oyen**	**vienen**	**hacen**
dan	**van**	**oyen**	**vienen**	**hacen**

decir (sagen)	**ver** (sehen)	**poner** (stellen)	**salir** (weggehen)	**saber** (wissen)
digo	**veo**	**pongo**	**salgo**	**sé**
dices	**ves**	**pones**	**sales**	**sabes**
dice	**ve**	**pone**	**sale**	**sabe**
decimos	**vemos**	**ponemos**	**salimos**	**sabemos**
dicen	**ven**	**ponen**	**salen**	**saben**
dicen	**ven**	**ponen**	**salen**	**saben**

Sein & Haben

Dem deutschen Hilfsverb „sein" entsprechen im Castellano zwei Verben: **ser** und **estar**.

sein

	ser (sein)	**estar** (sein)
ich	**soy**	**estoy**
du	**eres**	**estás**
er, sie, Sie	**es**	**está**
wir	**somos**	**estamos**
ihr	**son**	**están**
sie/Sie	**son**	**están**

Mit dem Verb **ser** werden unabänderliche oder charakteristische Wesenszüge bezeichnet, z. B. Nationalität, Religion, Beruf, Herkunft, Charakter- bzw. wesensmäßige Eigenschaften und Farben.

Für die Unterscheidung von ser *und* estar *prägt man sich am besten folgende Faustregeln ein:*

Soy alemán/alemana.
(ich-)bin Deutscher/Deutsche
Ich bin Deutscher/Deutsche.

La mesa es pequeña.
die Tisch (sie-)ist klein
Der Tisch ist klein.

Die Unterscheidung von ser *und* estar *wird anfangs etwas Mühe machen, ist aber sehr wichtig. Wie erheblich sich die Bedeutung unterscheiden kann, mag folgendes Beispiel veranschaulichen:*

Estar dagegen drückt einen vorübergehenden oder veränderlichen Zustand aus, z. B. Ortsangaben, Befinden, Stimmung.

Él está en el baño.
er (er-)ist in der Bad
Er ist im Bad.

Estamos cansados.
(wir-)sind müde
Wir sind müde.

Esta carne es mala.
diese Fleisch (sie-)ist schlecht
Das ist (qualitativ) schlechtes Fleisch.

Esta carne está mala.
diese Fleisch (sie-)ist schlecht
Dieses Fleisch ist schlecht (= verdorben).

Dabei ist zu beachten, dass ein Eigenschaftswort als Satzergänzung (Objekt) sich in Zahl und Geschlecht nach dem Satzgegenstand (Subjekt) richtet. Vergleiche:

Yo estoy cansado.
ich (ich-)bin müde
Ich bin müde.
(sagt ein Mann)

Yo estoy cansada.
ich (ich-)bin müde
Ich bin müde.
(sagt eine Frau)

Tú eres bonito.
du (du-)bist schön
Du bist schön.
(zum Mann)

Tú eres bonita.
du (du-)bist schön
Du bist schön.
(zur Frau)

Nosotros estamos solos.
wir (wir-)sind allein
Wir sind allein. (Männer/gemischt)

Nosotras estamos solas.
wir (wir-)sind allein
Wir sind allein. (nur Frauen)

haben

Das deutsche Verb „haben“ hat im Spanischen ebenfalls zwei Entsprechungen: Dabei bedeutet **tener** „haben“ im Sinne von „besitzen“, ist also kein Hilfsverb. Zur Bildung der zusammengesetzten Vergangenheitsformen wird ausschließlich **haber** verwendet.

Zur 3. Person Einzahl existiert außerdem die unpersönliche Nebenform **hay** (es gibt), die in der Umgangssprache sehr häufig gebraucht wird.

	tener	**haber**
ich	**tengo**	**he**
du	**tienes**	**has**
er, sie, Sie	**tiene**	**ha**
wir	**tenemos**	**hemos**
ihr	**tienen**	**han**
sie/Sie (Mz)	**tienen**	**han**

tener: *„haben, besitzen“*
haber: *Hilfsverb: „haben“*

Hay mucho sol.
(es-)hat viel Sonne
Die Sonne ist sehr stark.

Die unpersönliche Form hay *tritt zudem in dem wichtigen Ausdruck* hay que *(man muss) auf:*

Hay que tener cuidado.
(es-)hat dass haben Vorsicht
Man muss aufpassen.

Hay que levantarse temprano.
(es-)hat dass aufstehen-sich früh
Man muss früh aufstehen.

Weitere Zeiten

Damit wird man zwar nicht in jedem Fall korrekt sprechen, sich aber immer verständlich machen können.

Die Möglichkeiten der Zeitenbildung sind im Spanischen reichhaltiger als im Deutschen. Eine vollständige Darstellung würde jedoch den Rahmen des Kauderwelsch-Sprechführers sprengen, weshalb im Folgenden nur zwei Formen der Vergangenheit sowie der Zukunft vorgestellt werden.

Partizip II

Für die Bildung der vollendeten Gegenwart (Perfekt), z. B. „ich bin gegangen", braucht man zunächst das Partizip II (z. B. „gegangen, gelaufen"). Dabei wird die Endung der Grund form durch die Endung des Partizips ersetzt:

-ar	**hablar** (sprechen)
-ado	**hablado** (gesprochen)
-er	**comer** (essen)
-ido	**comido** (gegessen)
-ir	**vivir** (leben)
-ido	**vivido** (gelebt)

Folgende Ausnahmen sollte man sich merken:

abrir	öffnen	**abierto**	geöffnet
decir	sagen	**dicho**	gesagt
escribir	schreiben	**escrito**	geschrieben
hacer	machen, tun	**hecho**	gemacht, getan
poner	stellen, legen	**puesto**	gestellt, gelegt
ver	sehen	**visto**	gesehen

Perfekt

Am schnellsten zu lernen, weil man sich nur einige wenige Formen einprägen muss, ist das Perfekt (vollendete Gegenwart, z. B.: „ich bin gegangen"). Man kombiniere:

die Gegenwartsformen des Hilfsverbs **haber** (haben) mit dem Partizip II des jeweiligen Verbs.

Nur **haber** (haben) wird gebeugt, das Partizip II bleibt unverändert!

Achtung: Anders als im Deutschen werden die zusammengesetzten Zeiten niemals mit dem Hilfsverb „sein" gebildet!

hablado	
he	ich habe gesprochen
has	du hast gesprochen
ha	er/sie hat/Sie haben gesprochen
hemos	wir haben gesprochen
han	ihr habt gesprochen
han	sie/Sie haben gesprochen

Das Perfekt wird im Allgemeinen für eine Handlung der Vergangenheit benutzt, die erst kürzlich geschehen ist bzw. noch Auswirkungen auf die Gegenwart hat. Im Satz gilt die Perfekt-Konstruktion (**haber** + Partizip II) als geschlossene Einheit, in die nichts eingefügt wird.

He llegado hoy.
(ich-)habe angekommen heute
Ich bin heute angekommen.

(... und tun es noch heute)

Siempre hemos comido en este restaurante.
immer (wir-)haben gegessen in dieser Restaurant
Wir haben immer in diesem Restaurant gegessen.

Einfache Vergangenheit

Eine weitere Vergangenheitsform ist das **Indefinido**, das der deutschen einfachen Vergangenheit entspricht, z. B. „ich ging". Dabei handelt es sich nicht um eine zusammengesetzte Zeit, sondern um eine eigene Beugungsform. Die Verben auf **-er** und **-ir** haben im Gegensatz zur Gegenwartsform die gleichen Beugungsendungen.

vivir *auch: „wohnen"*

	habl-ar (sprechen)	**com-er** (essen)	**viv-ir** (leben)
ich	**habl-é**	**com-í**	**viv-í**
du	**habl-aste**	**com-iste**	**viv-iste**
er, sie, Sie	**habl-ó**	**com-ió**	**viv-ió**
wir	**habl-amos**	**com-imos**	**viv-imos**
ihr	**habl-aron**	**com-ieron**	**viv-ieron**
sie/Sie	**habl-aron**	**com-ieron**	**viv-ieron**

Das Indefinido *ist im Spanischen sehr häufig und wird auch dort verwendet, wo man im Deutschen in der gesprochenen Sprache vorwiegend das Perfekt gebraucht.*

Das **Indefinido** bezeichnet ein abgeschlossenes Ereignis in der Vergangenheit.

Ayer comí con ella.
gestern (ich-)aß mit sie
Gestern habe ich mit ihr gegessen.

(... und lebt heute woanders)

Él vivió dos años en Las Tunas.
er (er-)lebte zwei Jahre in Las Tunas
Er hat zwei Jahre in Las Tunas gelebt.

	ser (sein)	**estar** (sein)	**tener** (haben)
ich	**fui**	**estuve**	**tuve**
du	**fuiste**	**estuviste**	**tuviste**
er, sie, Sie	**fue**	**estuvo**	**tuvo**
wir	**fuimos**	**estuvimos**	**tuvimos**
ihr	**fueron**	**estuvieron**	**tuvieron**
sie/Sie (Mz)	**fueron**	**estuvieron**	**tuvieron**

tener *auch: „besitzen“*

Zu beachten ist, dass **ser** (sein) und das unregelmäßige Verb **ir** (gehen) die gleichen Formen im „Indefinido“ bilden. So kann z. B. **fue** sowohl „er war“ als auch „er ging“ bedeuten.

Für das Hilfsverb **haber** (haben) reicht es völlig aus, sich lediglich die 3. Person Einzahl („er/sie“) zu merken: **hubo.** Diese Form ist nämlich zugleich die Vergangenheitsform des unpersönlichen **hay** (es gibt) und wird dementsprechend mit „es gab“ übersetzt.

Zukunft

Die gebräuchlichste Art, zukünftige Ereignisse auszudrücken, ist die Kombination der gebeugten Form von **ir** (gehen) mit einem zwischengestellten **a** (etwa „zu“) und der Grundform des jeweiligen Verbs, das in die Zukunft gesetzt werden soll. **Ir** (gehen) ist ein unregelmäßiges Verb.

Regel:
gebeugtes ir *(gehen)*
\+ a *(zu)* + *Grundform des jeweiligen Verbs*

Vamos a salir.
(wir-)gehen zu weggehen
Wir werden gleich weggehen.

Am einfachsten (wenn auch nicht immer ganz korrekt) ist es natürlich, wie im Deutschen die Gegenwartsform mit einer entsprechenden Zeitangabe zu verwenden, z. B.: „ich gehe morgen" anstatt „ich werde gehen".

Voy a pagar la cuenta mañana.
(ich-)gehe zu zahlen die Rechnung morgen
Ich werde die Rechnung morgen bezahlen.

Mañana visitamos la catedral.
morgen (wir-)besuchen die Kathedrale
Morgen besichtigen wir die Kathedrale.

Neben den oben genannten Möglichkeiten gibt es für die Zukunft eine eigene Beugungsform (im Spanischen **futuro imperfecto** genannt). Diese Beugungsform wurde ursprünglich aus dem Infinitiv (Grundform) und dem nachgestellten gebeugten Hilfsverb **haber** (haben) gebildet (z. B. **„hablar he"** = „ich werde sprechen"). Aus einer Verschmelzung dieser Elemente (aus **„hablar he"** wurde **hablaré**, aus **„hablar has"** wurde **hablarás** usw.) entstanden die heutigen Formen.

Die Beugungsendungen für die Bildung der Zukunft sind bei allen Beugungsklassen gleich; sie werden an den vollständigen Infinitiv (Grundform) angehängt.

hablar (sprechen)	
hablar-é	ich werde sprechen
hablar-ás	du wirst sprechen
hablar-á	er/sie wird sprechen
hablar-emos	wir werden sprechen
hablar-án	ihr werdet sprechen
hablar-án	sie/Sie werden sprechen

Estará contento/contenta con la habitación.
(er-/sie-)sein-wird zufrieden(m/w) mit die Zimmer
Sie werden mit dem Zimmer zufrieden sein!

Mit der Zukunftsform lässt sich auch eine Vermutung ausdrücken:

¿Qué hora será?
was Stunde (es-)sein-wird
Wie spät mag es sein?

Modalverben

Die Modalverben werden im Allgemeinen in Verbindung mit Vollverben gebraucht und geben der Satzaussage einen zusätzlichen Bedeutungsaspekt (Möglichkeit, Notwendigkeit, Verpflichtung usw.). Exakte Entsprechungen zwischen den deutschen und den spanischen Modalverben gibt es nicht.

deber	poder	querer	saber	tener que
debo	puedo	quiero	sé	tengo que
debes	puedes	quieres	sabes	tienes que
debe	puede	quiere	sabe	tiene que
debemos	podemos	queremos	sabemos	tenemos que
deben	pueden	quieren	saben	tienen que
deben	pueden	quieren	saben	tienen que

deber — müssen, sollen, dürfen

Mit **deber** wird zumeist eine Notwendigkeit bezeichnet, die sich aus einer moralischen Verpflichtung ergibt.

Debemos apoyar este plan.
(wir-)müssen unterstützen dieser Plan
Wir müssen diesen Plan unterstützen.

No debes hacerlo.
nicht (du-)musst machen-es
Du darfst das nicht tun.

Wichtig: deber *als Vollverb bedeutet: „schulden, (jemandem etwas) schuldig sein"*

¿Qué le debo?
was Ihnen (ich-)muss
Was schulde ich Ihnen?

poder/saber	können

Mit **poder** wird eine Möglichkeit oder Fähigkeit ausgedrückt, die von äußeren Umständen, vom Willen oder von einer Erlaubnis abhängt.

¡No puedo más!
nicht (ich-)kann mehr
Ich kann nicht mehr!

¡Aquí no se puede fumar!
hier nicht sich (er-/sie-)kann rauchen
Man darf hier nicht rauchen!

Mit **saber** (können, wissen) hingegen bezeichnet man eine erlernte oder angeborene Fähigkeit.

Todos saben nadar.
alle (sie-)wissen schwimmen
Alle können schwimmen.

querer wollen

Möchte man einen Willen oder Wunsch ausdrücken, verwendet man das Verb **querer**.

Queremos ir a la playa.
(wir-)wollen gehen zu die Strand
Wir wollen zum Strand gehen.

Bei einem höflich geäußerten Wunsch benutzt man statt **quiero** (ich will) die Konjunktivform **quisiera** (ich möchte/ich würde gern).

Quisiera ver algunos cuartos.
(ich-)würde-wollen sehen einige Zimmer
Ich würde gern einige Zimmer sehen.

Als Vollverb hat **querer** die Bedeutung „lieben“.

Te quiero.
dich (ich-)will
Ich liebe dich.

tener que müssen

Mit **tener que** wird eine Notwendigkeit bzw. ein äußerer Zwang angezeigt.

Tengo que ir al médico.
(ich-)habe dass gehen zum Arzt
Ich muss zum Arzt.

Rückbezügliche Verben

Rückbezügliche (reflexive) Verben haben im Infinitiv (Grundform) stets die zusätzliche Endung **-se** („sich"), z. B. **lavarse** (sich waschen). Bei der Beugung trennt sich **-se** vom Infinitiv und wird zu einem selbstständigen rückbezüglichen Fürwort, das vor dem Verb steht.

lavarse	*waschen-sich*	sich waschen
me lavo	*mich (ich-)wasche*	ich wasche mich
te lavas	*dich (du-)wäschst*	du wäschst dich
se lava	*sich (er-/sie-)wäscht*	er/sie wäscht sich, Sie (Ez) waschen sich
nos lavamos	*uns (wir-)waschen*	wir waschen uns
se lavan	*sich (sie-)waschen*	ihr wascht euch
se lavan	*sich (sie-)waschen*	sie waschen sich, Sie (Mz) waschen sich

Im Satz nimmt das rückbezügliche Fürwort eine andere Position ein als im Deutschen. Normalerweise steht es direkt vor dem gebeugten Verb. In einer Konstruktion mit Modalverben wird es jedoch an die Grundform angehängt.

Se decidió a comprar la casa.
sich (er-/sie-)entschloss zu kaufen die Haus
Er/sie entschloss sich, das Haus zu kaufen.

Neben vielen Verben, die wie im Deutschen rückbezüglich sind oder entsprechend verwendet werden können (wie z. B. **lavar** = waschen, **lavarse** = sich waschen), gibt es Verben, die im Spanischen immer rückbezüglich sind, im Deutschen aber nicht. Dazu gehören z. B.:

levantarse	aufstehen	**llamarse**	heißen
desvestirse	ausziehen	**despertarse**	aufwachen
bañarse	baden	**callarse**	schweigen
quedarse	bleiben	**detenerse**	stehenbleiben
casarse	heiraten	**pelearse**	streiten
irse	weggehen		

Me voy.
mich (ich-)gehe
Ich gehe weg.

Me llamo Miguel.
mich (ich-)rufe Michael
Ich heiße Michael.

¡Cállate!
schweig-dich
Halt die Klappe!

Das rückbezügliche **se** wird auch verwendet, um das deutsche „man" auszudrücken.

Se venden souvenirs.
sich (sie-)verkaufen Souvenirs
Man verkauft Souvenirs.

Se habla alemán.
sich (er-/sie-)spricht Deutsch
Man spricht Deutsch.

Satzstellung

Der Satzbau ist im Spanischen in der Regel wie im Deutschen. Zu beachten ist, dass die gebeugten persönlichen Fürwörter („mir, dir …“, „mich, dich …“), die rückbezüglichen Fürwörter („mich, dich …“) sowie das Verneinungswort **no** (nicht) anders als im Deutschen immer direkt vor dem Verb stehen.

Der einfache Aussagesatz folgt meist folgendem Schema:

Subjekt	Prädikat	Objekt
El niño	**toma**	**el jugo.**
der Kind	*(er-)nimmt*	*der Saft*
Das Kind	trinkt	den Saft.
Nosotros	**te damos**	**la llave.**
wir	*dir (wir-)geben*	*die Schlüssel*
Wir	geben dir	den Schlüssel.

Auch wenn ein Umstandswort oder ein anderes Wort vorangestellt wird, bleibt das Grundschema erhalten; es erfolgt keine Umstellung von Subjekt und Prädikat wie im Deutschen.

Hoy el Señor Vargas va al cine.
heute der Herr Vargas (er-)geht zu-der Kino
Heute geht Herr Vargas ins Kino.

Verneinung

Aussagesätze werden durch **no** (nein, nicht) verneint, das grundsätzlich vor der Satzaussage (Prädikat) steht.

Im Spanischen wird auch dann das Verb verneint, wenn sich im Deutschen die Verneinung auf das Hauptwort bezieht.

Desgraciadamente no puedo venir.
unglücklicherweise nicht (ich-)kann kommen
Ich kann leider nicht kommen.

No tengo tiempo.
nicht (ich-)habe Zeit
Ich habe keine Zeit.

Estos zapatos no me gustan.
diese Schuhe nicht mir (sie-)gefallen
Diese Schuhe gefallen mir nicht.

Die unbestimmten Verneinungsfürwörter wie „niemand, nichts, niemals“ benötigen im Castellano eine besondere Konstruktion, die eigentlich eine doppelte Verneinung darstellt. Dabei wird das Verb mit **no** (nein, nicht) verneint und das Verneinungsfürwort in der Regel an den Schluss des Satzes gestellt.

Eine doppelte Verneinung bleibt also eine Verneinung!

no ... ninguno	keiner (m)	**no ... nada**	nichts
no ... ninguna	keine (w)	**no ... tampoco**	auch nicht
no ... nadie	niemand	**no ... en ninguna parte**	nirgends
no ... nunca	niemals	**no ... a ninguna parte**	nirgendwohin
no ... jamás	niemals	**no ... de ninguna parte**	nirgendwoher

No entiendo nada.
nicht (ich-)verstehe nichts
Ich verstehe nichts.

No volverá nunca.
nicht (er-/sie-)zurückkommen-wird nie
Er/sie wird nie zurückkommen.

Nunca he comido tanto.
nie (ich-)habe gegessen soviel
Nie habe ich soviel gegessen.

Nadie me contestó.
niemand mir (er-/sie-)antwortete
Es hat mir niemand geantwortet.

Die Verneinung des Verbs entfällt nur dann, wenn das besondere verneinende Wort (z. B. „nie, nichts ...“) dem Verb vorangestellt ist.

Fragen

Entscheidungsfragen sind Fragen, die man nur mit **sí** (ja) oder **no** (nein) beantworten kann.

In der Regel wird in der Frage Satzgegenstand (Subjekt) und Satzaussage (Prädikat) gegenüber der Wortstellung im normalen Aussagesatz vertauscht.

Entscheidungsfragen

Este es el camino hacia ...
dieser (er-)ist der Weg nach ...
Das ist der Weg nach ...

Es ist aber ebenso möglich, die Wortfolge des Aussagesatzes beizubehalten und nur mittels der Satzmelodie anzuzeigen, dass es sich um eine Frage handelt.

¿Es este el camino hacia ...?
(er-)ist dieser der Weg nach ....
Ist das der Weg nach ...?

¿Este es el camino hacia ...?
dieser (er-)ist der Weg nach ...
Das ist der Weg nach ...?

Ergänzungsfragen

Ergänzungsfragen werden durch Fragewörter eingeleitet; man antwortet mit einem vollständigen Satz. Auch hier werden Satzgegenstand (Subjekt) und Satzaussage (Prädikat) umgestellt.

¿Dónde está el museo?
wo (er-)ist der Museum
Wo ist das Museum?

¿Cuándo viene tu hermana?
wann (sie-)kommt deine Schwester
Wann kommt deine Schwester?

¿qué?	was?	**¿quién?**	wer?
¿cómo?	wie?	**¿dónde?**	wo?
¿adónde?	wohin?	**¿de dónde?**	woher?
¿por qué?	warum?	**¿para qué?**	wofür?/für was?
¿cuál?	welche(r)?	**¿(desde) cuándo?**	(seit) wann?
¿cuánto?	wie viel?	**¿cuánto tiempo?**	wie lange?
¿cuántos? (m)	wie viele?	**¿cuántas? (w)**	wie viele?

Etliche Fragewörter sind mit Bindewörtern identisch. Um sie von diesen zu unterscheiden, werden Fragewörter mit einem Akzent geschrieben, Bindewörter nicht, z. B. **¿cuándo?** (wann?), aber **cuando** (wenn, als).

¿Hola, cómo le va?
hallo wie Ihnen (es-)geht
Hallo, wie geht es Ihnen?

¿Cuánto vale esta bolsa?
wie viel (sie-)kostet diese Tasche
Wie viel kostet diese Tasche?

¿Cuándo llega la guagua?
wann (er-)ankommt die Bus
Wann kommt der Bus an?

¿Cómo te llamas?
wie dich (du-)rufst
Wie heißt du?

¿Quién es?
wer (er-/sie-)ist
Wer ist das?

¿Qué es eso?
was (es-)ist dies
Was ist das?

¿Dónde vives?
wo (du-)lebst
Wo wohnst du?

Auffordern & Befehlen

Die Bildung der Befehlsform (Imperativ) ist einfach, wenn man den Ansprechpartner duzt. Dann ist die Befehlsform mit der 3. Person Einzahl Gegenwart („er/sie ...") identisch.

habla	er/sie spricht	**¡habla!**	sprich!
come	er/sie isst	**¡come!**	iss!
vive	er/sie lebt	**¡vive!**	leb!

¡Habla más alto!
sprich(-du) mehr hoch
Sprich lauter!

¡Come, Francisco!
iss(-du) Francisco
Iss, Francisco!

Wird eine Person gesiezt, geht man von der Du-Befehlsform Einzahl aus: Die Endung **-a** wird regelmäßig durch **-e** ersetzt, und **-e** wird durch **-a** ersetzt. (Im Spanischen ist dies die Möglichkeitsform, genannt **subjuntivo**).

¡habla!	sprich!	**¡hable!**	sprechen Sie!
¡come!	iss!	**¡coma!**	essen Sie!
¡vive!	leb!	**¡viva!**	leben Sie!

Oft wird der Sie-Befehlsform darüber hinaus Usted *nachgestellt:*

¡Hable Usted!
sprechen Sie
Sprechen Sie!

¡Coma Usted todo!
essen Sie alles
Essen Sie alles!

¡Viva Usted bien!
leben Sie gut
Leben Sie wohl!

Fordert man mehrere Personen zu etwas auf, geht man von der 3. Person Mehrzahl („sie“) aus: Die Endung **-an** wird durch **-en** ersetzt, und **-en** wird durch **-an** ersetzt:

hablan	sie sprechen
¡hablen!	sprecht!/sprechen Sie!
comen	sie essen
¡coman!	esst!/essen Sie!
viven	sie leben
¡vivan!	lebt!/leben Sie!

Unregelmäßige Befehlsformen bilden folgende häufig gebrauchte Verben (hier nur die wichtigsten):

ir(se) (gehen)	**¡ve(te)!** (geh!)	**¡vaya(se)!** (gehen Sie!)
dar (geben)	**¡da!** (gib!)	**¡dé!** (geben Sie!)
decir (sagen)	**¡di!** (sag!)	**¡diga!** (sagen Sie!)
oír (hören)	**¡oye!** (hör!)	**¡oiga!** (hören Sie!)
salir (weggehen)	**¡sal!** (geh fort!)	**¡salga!** (gehen Sie fort!)
tener (haben)	**¡ten!** (hab!)	**¡tenga!** (haben Sie!)
venir (kommen)	**¡ven!** (komm!)	**¡venga!** (kommen Sie!)
ver (sehen)	**¡ve!** (sieh!)	**¡vea!** (sehen Sie!)

¡Ven aquí!	**¡Tome Usted esto!**
komm(-du) hier	*nehmen Sie dies*
Komm her!	Nehmen Sie das hier!

Die Sie-Befehlsform wird mit vorangestelltem **no** (nicht) verneint:

¡hable!	sprechen Sie!
¡no hable!	sprechen Sie nicht!
¡haga!	machen Sie!
¡no haga!	machen Sie nicht!

Die Verneinung der Du-Befehlsform ist komplizierter, da nicht nur **no** (nicht) vorangestellt wird, sondern sich auch die Befehlsform verändert. Im Spanischen wird bei der Verneinung nämlich die Möglichkeitsform (**subjuntivo**) verlangt, auf deren Erklärung wir hier aus Gründen der Übersicht verzichten. Sicherlich wird man auch verstanden, wenn man der Befehlsform einfach nur **no** voranstellt.

Eine Besonderheit ist hier noch zu erwähnen: Werden die gebeugten persönlichen oder die rückbezüglichen Fürwörter in eine Befehlsform eingebaut, so werden sie an diese angehängt:

me dice	*mir (er-/sie-)sagt*	er/sie sagt mir
¡dime!	*sag-mir*	sag mir!
¡dímelo!	*sag-mir-es*	sag es mir!
se va	*sich (er-/sie-)geht*	er/sie geht weg
¡vete!	*geh-dich*	geh weg!

Verlaufsform

Die im Spanischen sehr häufig verwendete Verlaufsform ist eine Konstruktion, die in vergleichbarer Form im Deutschen nicht benutzt wird (wohl aber im Englischen). Man bezeichnet damit eine gerade ablaufende Handlung. Die Verlaufsform setzt sich aus der jeweiligen gebeugten Form von **estar** (sein) und dem Partizip I (Mittelwort der Gegenwart, z. B.: „sprechend, essend“) zusammen.

Wie das Partizip II (z. B. „gesprochen, gegessen“) wird auch das Partizip I ganz regelmäßig gebildet, indem die Endung des Infinitivs (Grundform) durch **-ando** bzw. **-iendo** ersetzt wird.

-ar	**hablar** (sprechen)
-ando	**hablando** (sprechend)
-er	**comer** (essen)
-iendo	**comiendo** (essend)
-ir	**vivir** (leben)
-iendo	**viviendo** (lebend)

Ella está escribiendo una carta.
sie (sie-)ist schreibend eine Brief
Sie schreibt gerade einen Brief.

Están saliendo.
(sie-)sind weggehend
Sie sind dabei fortzugehen.

Bindewörter

Aus der Vielzahl der Bindewörter, die Sätze oder Satzteile verknüpfen, seien hier die wichtigsten genannt:

y/o	und/oder	**porque**	weil
pero	aber	**si**	wenn, falls; ob
aunque	obwohl	**cuando**	wenn, als; sobald
sino	sondern	**como**	wie; da
sin embargo	jedoch	**que**	dass; welche(-r, -s)

Einige Bindewörter werden in verschiedenen Bedeutungen verwendet:

Si viene él, yo me quedo.
wenn (er-)kommt er ich mich (ich-)bleibe
Wenn er kommt, bleibe ich hier.

Me pregunto si viene.
mich (ich-)frage ob (er-/sie-)kommt
Ich frage mich, ob er/sie kommt.

Die Funktionen von **que** sind besonders vielfältig. Es übernimmt die Bedeutung des deutschen „dass", tritt aber auch als Relativpronomen „welche(-r, -s)" oder als Vergleichspartikel „als" im Vergleichssatz auf:

Dice que viene pronto.
(er-/sie-)sagt dass (er-/sie-)kommt bald
Er/sie sagt, dass er/sie bald komme.

La mesa que está allí.
die Tisch welche (sie-)ist dort
Der Tisch, der dort steht.

Isabel trabaja mejor que otros.
Isabel (sie-)arbeitet besser als andere
Isabel arbeitet besser als andere.

Verhältniswörter

Hier nun einige wichtige Verhältniswörter. Einige Verhältniswörter haben mehrere Verwendungsmöglichkeiten:

a	nach, zu	**en**	in, an, auf
bajo	unter	**entre**	zwischen
cerca de	nahe bei	**fuera de**	außerhalb von
con	mit	**hacia**	gegen, in Richtung
contra	gegen	**hasta**	bis
de	von, aus	**junto a**	neben
delante de	vor	**para**	für
dentro de	innerhalb	**por**	wegen; durch; für
desde	von ... aus; seit	**sin**	ohne
detrás de	hinter	**sobre**	auf

Die Verhältniswörter werden nicht immer wie im Deutschen benutzt. Eine markante Schwierigkeit ist z. B. die Unterscheidung von **para** und **por**.

Mit **para** wird ein Zweck, eine Bestimmung oder eine persönliche Ansicht bezeichnet.

Esta hamaca es un regalo para mi hermano.
diese Hängematte (sie-)ist ein Geschenk für mein Bruder
Diese Hängematte ist ein Geschenk für meinen Bruder.

Para él es una cosa extraordinaria.
für er (es-)ist eine Sache außergewöhnliche
Für ihn ist es eine außergewöhnliche Sache.

Por dient einmal zur Angabe eines Grundes oder einer Ursache, dann aber auch als Orts- oder Zeitangabe.

Él se queda dentro de la casa por la lluvia.
er sich (er-)bleibt drinnen von die Haus wegen die Regen
Er bleibt im Haus wegen des Regens.

Viaja por Cuba.
(er-/sie-)reist durch Cuba
Er/sie reist durch Kuba.

Besonders zu beachten ist, dass man bei dem Hinweis auf das benutzte Verkehrsmittel nicht **con** (mit) – wie man vom Deutschen her erwarten könnte –, sondern **en** (in) verwendet:

No vamos en taxi, sino en guagua.
nicht (wir-)fahren in Taxi, sondern in Bus
Wir fahren nicht mit dem Taxi, sondern mit dem Bus.

Stehen die Verhältniswörter **a** und **de** vor dem bestimmten männlichen Artikel **el,** bilden sie zusammen mit diesem eine neue Form:

a	+	**el**	=	**al**	(zu dem, zum, nach dem)
de	+	**el**	=	**del**	(von dem, vom)

Mit dem weiblichen Artikel **(a la/las, de la/las)** und mit dem männlichen Artikel Mehrzahl **(a los, de los)** verschmelzen sie jedoch nicht.

Zahlen & Zählen

Die Zahlen unterscheiden sich kaum von den in Spanien gebräuchlichen.

Im Gegensatz zum Deutschen stellt man die Einer den Zehnern nach, diese wiederum den Hunderten usw. Nur zwischen Zehner und Einer wird y *(und) geschoben. Ausnahmen sind lediglich die zusammengesetzten Zahlen von 21 bis 29.*

Grundzahlen

0	**cero**	10	**diez**		
1	**uno**, **un**, **una**	11	**once**		
2	**dos**	12	**doce**	20	**veinte**
3	**tres**	13	**trece**	30	**treinta**
4	**cuatro**	14	**catorce**	40	**cuarenta**
5	**cinco**	15	**quince**	50	**cincuenta**
6	**seis**	16	**dieciséis**	60	**sesenta**
7	**siete**	17	**diecisiete**	70	**setenta**
8	**ocho**	18	**dieciocho**	80	**ochenta**
9	**nueve**	19	**diecinueve**	90	**noventa**

Uno wird (auch bei zusammengesetzten Zahlen) vor einem männlichen Hauptwort zu **un** und vor einem weiblichen Hauptwort zu **una**.

21	**veintiuno**, **-un**, **-una**
22	**veintidós**
23	**veintitrés**
31	**treinta y uno**, **-un**, **-una**
32	**treinta y dos**
33	**treinta y tres**
74	**setenta y cuatro**
85	**ochenta y cinco**
96	**noventa y seis**

Bei zusammengesetzten Zahlen heißt „100“ nicht **cien,** sondern **ciento,** ab „200“ jedoch **cientos** (m) bzw. **cientas** (w), je nach Geschlecht des dazugehörigen Hauptwortes. Achtung bei 500, 700 und 900!

100	**cien (ciento)**
101	**ciento uno/un/una**
200	**doscientos/-as**
300	**trescientos/-as**
400	**cuatrocientos/-as**
500	**quinientos/-as**
600	**seiscientos/-as**
700	**setecientos/-as**
800	**ochocientos/-as**
900	**novecientos/-as**
1000	**mil**
2000	**dos mil**
3000	**tres mil** (usw.)
10.000	**diez mil**

una hora
eine Stunde
eine Stunde

veintiún libros
zwanzig-und-ein Bücher
21 Bücher

ciento cuarenta y una vacas
hundert vierzig und eine Kühe
141 Kühe

setecientos treinta y tres pesos
siebenhunderte dreißig und drei Pesos
733 Pesos

Ordnungszahlen

Ordnungszahlen verhalten sich wie Eigenschaftswörter und richten sich in Zahl und Geschlecht nach dem dazugehörigen Hauptwort, dem sie in der Regel vorangestellt sind. Die weibliche Form der Ordnungszahl erhält man, indem man die Endung **-o** durch **-a** ersetzt.

primero	erster	**sexto**	sechster
segundo	zweiter	**séptimo**	siebter
tercero	dritter	**octavo**	achter
cuarto	vierter	**noveno**	neunter
quinto	fünfter	**décimo**	zehnter

Bei den Ordnungszahlen **primero** (erster) und **tercero** (dritter) entfällt die Endung **-o** vor männlichen Hauptwörtern.

el primer piso (erster Stock)
el segundo piso (zweiter Stock)

Es la tercera vez que estoy en Cuba.
(es-)ist die dritte Mal dass (ich-)bin in Cuba
Es ist das dritte Mal, dass ich in Kuba bin.

Bruchzahlen

medio	halb	**un tercio**	ein Drittel
la mitad	die Hälfte	**un cuarto**	ein Viertel

Zeit & Datum

Allgemeine Zeitangaben

hoy	heute	**ya**	schon
mañana	morgen	**ya no**	nicht mehr
pasado mañana	übermorgen	**todavía**	noch
ayer	gestern	**todavía no**	noch nicht
anoche	gestern Abend	**ahora**	jetzt
anteayer	vorgestern	**de inmediato/**	sofort,
por la mañana	morgens	**en seguida**	gleich
al mediodía	mittags	**pronto**	bald
por la tarde	nachmittags	**luego, entonces**	dann
por la noche	abends/nachts	**a veces/**	manchmal
diariamente	täglich	**de vez en cuando**	
(más) temprano	früh(er)	**muchas veces**	oft
(más) tarde	spät(er)	**siempre**	immer
antes/después	vor-/nachher	**nunca**	nie

hace una semana
(es-)macht eine Woche
vor einer Woche

desde ayer
seit gestern
seit gestern

de hoy en tres días
von heute in drei Tage
in drei Tagen

Uhrzeit

Zur Angabe der Uhrzeit wird das Verb **ser** (sein) benutzt. Die Stunde wird immer mit dem bestimmten Artikel genannt; da **hora** (Stunde) ein weibliches Hauptwort ist, werden jeweils die weiblichen Formen gewählt.

Zeit & Datum

Im Allgemeinen werden in Kuba die Stunden nur im 12-Stunden-Rhythmus gezählt, eine Angabe wie etwa „achtzehn Uhr" ist unüblich. Um Missverständnisse zu vermeiden, kann die Tageszeit hinzugefügt werden:

¿Qué hora es?
was Stunde (es-)ist
Wie spät ist es?

¿Qué horas son?
was Stunden (sie-)sind
Wie spät ist es?

Es la una.
(es-)ist die eine
Es ist ein Uhr.

Son las dos.
(sie-)sind die zwei
Es ist zwei Uhr.

Son las tres.
(sie-)sind die drei
Es ist drei Uhr.

... de la mañana	*... von die Morgen*	... morgens
... de la tarde	*... von die Nachmittag*	... nachmittags
... de la noche	*... von die Nacht*	... abends/nachts

Son las seis de la mañana / de la tarde.
(sie-)sind die sechs von die Morgen/von die Nachmittag
Es ist sechs Uhr früh (6.00)/abends (18.00).

Minuten, Viertelstunden und halbe Stunden werden zu den vollen Stunden mit **y** hinzugezählt oder auf die folgende volle Stunde mit **para** (für) bezogen.

las cinco y diez
die fünf und zehn
zehn nach fünf

cinco para las ocho
fünf für die acht
fünf vor acht

las dos y media
die zwei und halbe
halb drei

la una y cuarto
die eine und Viertel
Viertel nach eins

un cuarto para las tres
ein Viertel für die drei
Viertel vor drei

Es mediodía.
(es-)ist Mittag
Es ist zwölf Uhr mittags.

Es medianoche.
(es-)ist Mitternacht
Es ist Mitternacht.

Son las dos en punto.
(sie-)sind die zwei in Punkt
Es ist genau zwei Uhr.

Son las dos y pico.
(sie-)sind die zwei und Spitze
Es ist kurz nach zwei Uhr.

¿A qué hora vienes?
zu was Stunde (du-)kommst
Um wie viel Uhr kommst du?

A las cinco.
zu die fünf
Um fünf.

Wochentage

lunes	Montag	**viernes**	Freitag
martes	Dienstag	**sábado**	Samstag
miércoles	Mittwoch	**domingo**	Sonntag
jueves	Donnerstag	**día feriado**	Feiertag

Nos encontramos el sábado.
uns (wir-)treffen der Samstag
Wir treffen uns am Samstag.

Los lunes muchos museos están cerrados.
die Montage viele Museen (sie-)sind geschlossen
Montags sind viele Museen geschlossen.

Wendungen wie „am Montag“ oder „montags“ werden im Spanischen mit dem bestimmten Artikel ausgedrückt.

Monate

enero	Januar	**julio**	Juli
febrero	Februar	**agosto**	August
marzo	März	**septiembre**	September
abril	April	**octubre**	Oktober
mayo	Mai	**noviembre**	November
junio	Juni	**diciembre**	Dezember

en el mes de julio
in der Monat von Juli
im Monat Juli

en julio
in Juli
im Juli

Datum

Beim Datum wird lediglich der erste des Monats als Ordnungszahl angegeben, sonst werden die Tage mit den Grundzahlen benannt. Bei den Jahreszahlen zählt man nicht wie im Deutschen mit Vielfachen von Hundert (z. B. „Neunzehnhundert“), sondern mit mil *(tausend).*

¿Qué fecha tenemos?
was Datum (wir-)haben
Welches Datum haben wir?

el quince de septiembre
der fünfzehn von September
den 15. September

el primero de octubre de mil novecientos noventa y cinco
der erste von Oktober von tausend neunhunderte neunzig und fünf
der 1. Oktober 1995

Nací el seis de mayo ...
(ich-)geboren-wurde der sechs von Mai ...
Ich wurde am 6. Mai ... geboren.

¿Qué día tenemos hoy?
was Tag (wir-)haben heute
Welchen Tag haben wir heute?

Hoy es sábado.
heute (es-)ist Samstag
Heute ist Samstag.

Jahreszeiten

la primavera	Frühling
el verano	Sommer
el otoño	Herbst
el invierno	Winter

Die Bezeichnungen für die Jahreszeiten werden stets mit dem Artikel verwendet.

Maße & Mengenangaben

un centímetro	1 cm	**un litro**	1 l
un metro	1 m	**un gramo**	1 g
un kilómetro	1 km	**un kilogramo**	1 kg

una mano	eine Handvoll
una botella	eine Flasche
una ración	eine Portion
una docena	ein Dutzend
un vaso	ein Glas
un montón	ein Haufen, viel
un chirrín	ein bisschen

Kurz-Knigge

Die Situation in Kuba ist vergleichbar mit der ehemaligen DDR. Die Menschen sind misstrauisch, sogar gegenüber Mitgliedern aus der eigenen Familie. Wichtiges Instrument der Kontrolle ist das **CDR**: **Comité de Defensa de la Revolución** (Komitee zur Verteidigung der Revolution). Jeder Kubaner ist automatisch Mitglied dieses Komitees, das in jedem Stadtbezirk ein Büro unterhält. Mir selbst ist es oft geschehen, dass mich meine lieben Nachbarn auf dem Weg in meine Wohnung aufhielten; sie wollten sehen, was ich denn so in meiner Tasche hätte. Dies ist auch der Grund, warum Kubaner manchmal verunsichert reagieren, wenn man sie über die politische Lage des Landes befragt. Als Ausländer hat man in der Regel wenig Ärger, wenn man sich frei äußert - solange man nicht die kubanische Fahne, den Präsidenten, die Polizei oder ähnliche politische Institutionen beleidigt.

Kritik an den Verhältnissen im Land ist weder hilfreich noch höflich. Die Kubaner kennen ihre eigenen Probleme selbst am besten.

Als lateinamerikanischer Staat ist Kuba ein Land des **machismo**. In diesem Begriff liegt viel mehr als nur die Ungleichheit in der Behandlung der Geschlechter, es bedeutet die Macht der Männer über die wichtigsten und einflussreichsten Positionen. Gegenüber Frauen und Mädchen gibt es eine Menge Ignoranz, Egoismus und absurde Intoleranz.

Wenn der Besucher mit offenen Augen durch Kuba geht, wird er auch heute noch viele Beispiele dafür finden, aber in den letzten Jahren hat sich doch so manches verändert.

Es ist nicht ungewöhnlich, dass Mütter ihre Töchter auf eine Party begleiten. Sie sitzen dann in der Ecke und beobachten, was vor sich geht. Wenn das nicht so wäre, würde der Vater dem Mädchen nicht erlauben, das Fest zu besuchen. In den letzten Jahren hat sich die Situation etwas verbessert.

Wenn eine Frau mit einem Kubaner tanzt, sollte sie nicht überrascht sein, wenn dieser sehr viel Körperkontakt sucht. Als Frau sollte man sofort klarstellen, wenn man dies nicht mag.

Mit Problemen haben auch die Homosexuellen zu kämpfen. Sie sind gezwungen, ihre Lebensweise mehr oder weniger verborgen zu halten. So wurde im Sommer '97 aus Havanna berichtet, dass alle Besucher einer privaten Homo-Party verhaftet und ins Gefängnis gebracht wurden; darunter waren auch spanische Touristen.

Viele Besucher Kubas kommen aus Europa, hauptsächlich aus Deutschland, Italien und Spanien, aber auch Kanadier gehören zu den meist gesehensten Gästen. Touristen sind den allermeisten Kubanern sehr willkommen und sie unterhalten sich gerne mit ihnen. Wenn man Hilfe braucht, wird man diese meist auch bekommen. Für diese Hilfe wird jedoch meist nach amerikanischer Art ein Trinkgeld erwartet.

Eine Siesta wie in Spanien oder Mexiko ist nicht üblich. Die normalen Arbeitszeiten sind von 8-12 Uhr und von 13-17 Uhr. Von Pausen wird ausgiebig Gebrauch gemacht.

Wenn mehrere Leute auf etwas warten, bilden sie eine Schlange. Vordrängeln ist unhöflich. Bei Behördengängen und auch beim Einkaufen ist Geduld angesagt.

Bei der Auswahl der Kleidung sollte man daran denken, dass auf Kuba subtropisches Klima herrscht. Daher sind leichte Baumwoll- oder Leinensachen zu empfehlen. In der Regenzeit sollte man einen Schirm oder eine Regenjacke dabei haben. In vielen Restaurants ist angemessene Kleidung erwünscht.

Sicherheit

Die Sicherheit in Kuba ist größer als in allen anderen lateinamerikanischen Staaten, wobei die Kleinkriminalität auch hier vorhanden ist.

Wertgegenstände und Schmuck sollten nicht offen zur Schau gestellt werden, um keine Diebstähle zu provozieren.

Am Strand sollten die Sachen nicht unbeaufsichtigt liegen bleiben. Am besten keine Wertsachen mitnehmen, wenn man baden geht.

Manche Polizisten reagieren allergisch auf Gespräche zwischen Touristen und Kubanern. Diese waren lange Jahre verboten und sind auch heute bricht der Cubaner das Gespräch noch abrupt ab, sobald ihm unbekannte Cubaner dazukommen.

Namen & Anrede

Der Kubaner hat normalerweise zwei Vornamen sowie zwei Nachnamen. Die Nachnamen setzen sich aus dem jeweils ersten Nachnamen der beiden Elternteile zusammen.

Juan	**Antonio**	**Rodriguez**	**Gomez**
1. +	2. Vorname	1. +	2. Nachname

Der erste Nachname ist der erste Nachname des Vaters, der zweite Nachname der erste Nachname der Mutter. Bei den Kindern fallen also die jeweils zweiten Nachnamen der beiden Elternteile weg.

Bei Fragen nach dem Weg oder anderen Auskünften von unbekannten Personen kann man die Anrede Señor, Señora *auch ohne Namen verwenden*

Die normale Anrede einer Person, die man siezt, ist **señor** (für Männer) oder **señora** (für Frauen) gefolgt vom ersten Nachnamen.

Señora Rodriguez	Frau Rodriguez
Señor Rodriguez	Herr Rodriguez

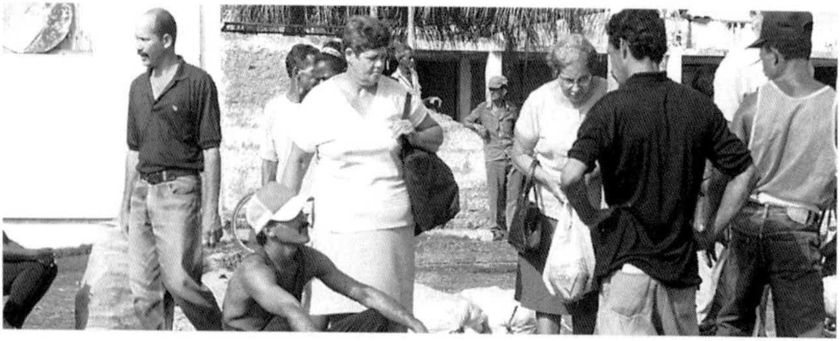

Begrüßen & Verabschieden

Der ersten Begrüßung folgt normalerweise, gerade bei Freunden und Bekannten, die Frage nach dem Befinden.

begrüßen

¡Buenos días!	Guten Morgen/Tag!	*6a.m.-12a.m.*
¡Buenas tardes!	Gute(n) Tag/Nacht!	*12a.m.-6p.m.*
¡Buenas noches!	Gute Nacht!	*6p.m.-6a.m.*
¡Buenas!	Gute(n) Tag/Nacht!	*umgangssprachlich*
¡Hola!	Hallo!	*unter Bekannten*
¡Bienvenida!	Herzlich willkommen!	*zur Frau*
¡Bienvenido!	Herzlich willkommen!	*zum Mann*

¡Buenas! ¿Cómo estás?
gute wie (du-)bist
Guten Tag! Wie geht's?

¡Hola! ¿Qué tal?
hallo was solches
Hallo! Wie geht's?

¡Hola! ¿Cómo está Usted?
hallo wie (es-)ist Sie
Hallo! Wie geht es Ihnen?

¡Buenos días! ¿Cómo le va?
gute Tage wie Ihnen (es-)geht?
Guten Tag! Wie geht es Ihnen?

Oft verwandt wird auch **¿Qué me dices?** (Was sagst Du mir?). Darauf antwortet man jedoch nicht wie im Deutschen mit ausführlichen

Die Frage nach dem Befinden beantwortet man meist global mit bien *(gut) und kontert mit der Gegenfrage* ¿Y Usted? *(Und Ihnen?).*

Beschreibungen seines Wohlbefindens, sondern einfach mit **pura vida** (pures Leben) oder **tu anis**, was aus einem Hörfehler entstand, denn es waren die Worte eines Amerikaners, der **too nice** (zu schön) sagte.

Muy bien, gracias.
Sehr gut, danke.

¿Y Usted/tú?
Und Ihnen/Dir?

Igual que siempre.
gleich dass immer
Wie immer.

Muy mal.
sehr schlecht
Sehr schlecht.

Más o menos.
mehr oder weniger
Es geht so.

Ni muy muy, ni tan tan.
weder sehr sehr weder so so
So lala.

sich/jemanden vorstellen

Mi nombre es...
mein Name (er-)ist...
Mein Name ist...

Me llamo...
mich (ich-)rufe...
Ich heiße...

¿Cuál es su nombre?
welcher (er-)ist Ihr Name
Wie ist Ihr Name?

Con mucho gusto (en conocerle).
mit viel Gefallen (in kennen lernen-Sie)
Sehr erfreut, Sie kennen zu lernen.

Igualmente *auch: „Ganz meinerseits."*

Encantado./Encantada.
entzückt (m/w)
Sehr erfreut.

Igualmente.
gleich
Gleichfalls.

verabschieden

¡Hasta luego!	Bis später.
¡Hasta mañana!	Bis morgen.
¡Hasta más tarde!	Bis später.
¡Adiós!/¡Chao!	Tschüss!
¡Nos vemos!	Wir sehen uns.

Nicht ganz so üblich:

¡Qué te vaya bien!
dass Dich (es-)gehe gut
Alles Gute! (duzend)

¡Qué le vaya bien!
dass Ihnen (es-)gehe gut
Alles Gute! (siezend)

¡Cuídate!
vorsehe-dich
Pass auf Dich auf!

¡Cuídese bastante!
(Sie-)vorsehen-sich ziemlich
Passen Sie auf sich auf!

Bitten, Wünschen, Danken

bitten

¿Por favor, puedo...?
für Gefallen (ich-)kann
Bitte, kann ich...?

¿Disculpe, dónde está...?
entschuldigen(-Sie) wo (es-)ist
Entschuldigung, wo ist...?

Con permiso.
mit Erlaubnis
Gestatten Sie?

wünschen

¡Mucha/buena suerte!	Viel Glück!
¡Qué te disfrutes!	Viel Vergnügen!
¡Buen viaje!	Gute Reise!
¡Feliz cumpleaños!	Alles Gute zum Geburtstag!
¡Feliz navidad!	Frohe Weihnachten!
¡Feliz año nuevo!	Frohes neues Jahr!

danken

Auf „Danke" antwortet man nicht mit por favor *(bitte) sondern mit* de nada *(von nichts) = „Keine Ursache".*

Muchas gracias.	Vielen Dank.
Muy agradecido.	Vielen Dank.
Muy amable.	Sehr liebenswürdig.
Le agradezco mucho.	Ich danke Ihnen vielmals.

Floskeln & Redewendungen

sich entschuldigen

¡Dinsculpa!/ ¡Disculpe!	Entschuldige!/ Entschuldigen Sie!
¡Perdón!	Entschuldigung!
¡Lo siento!	Tut mir Leid!
¡Lo lamento!	Ich bedauere es.

No pasó nada.
nicht (es-)passierte nichts
Es ist nichts passiert.

No te preocupes.
nicht dich sorge(-du)
Mach dir keine Sorgen.

No se preocupe.
nicht sich sorgen(-Sie)
Machen Sie sich keine Sorgen.

berichten/meinen

Creo que...	Ich glaube, dass...
Me parece que...	Mir scheint, dass...
¡Fíjate!/ ¡Fíjese!	Stell' dir vor!/ Stellen Sie sich vor!
¡Vea!	Sehen Sie!
¡Mira!/ ¡Mire!	Schau' mal!/ Schauen Sie mal!

¡Oiga!/ ¡Escúchame!	Hören Sie!/ Hör mir mal zu!
¡Póngame atención!	Darf ich um Ihre Aufmerksamkeit bitten!
¡Imagínese!	Stellen Sie sich vor!

fíjese/vea/mira/mire *wird oft als Einleitung für eine Erzählung benutzt, während man* creo que *und* me parece que *mehr als Antwort auf eine Frage nach der eigenen Meinung verwendet.*

zustimmen/Vorschlag annehmen

¡Sí!	Ja!
¡Claro que sí!	Natürlich, sicher!
¡Cómo no!	Auf jeden Fall!
¡Exáctamente!	Genau!
¡Así es!	So ist es!
¡Buena idea!	Gute Idee!
¡Positivo!	Positiv.
¡Sí, con mucho gusto!	Ja, mit Vergnügen.
¿Porqué no?	Warum nicht?

Tienes razón.
(du-)hast Vernunft
Du hast Recht.

Tiene razón.
(er/sie-)hat Vernunft
Er/Sie hat Recht./
Sie haben Recht.

¡De acuerdo!
von Übereinkunft
Einverstanden.

Eso es verdad.
das (es-)ist Wahrheit
Das ist wahr.

ablehnen

¡No, gracias!
nein, danke
Nein, danke.

¡De ninguna manera!
von keine Art
Auf keinen Fall

¡No me gusta!
nicht mir (es-)gefällt
Nein, das gefällt mir nicht.

¡Qué lástima!
was Bedauern
Wie schade!

¡No es así!
nicht (es-)ist so
Das ist nicht so.

¡No lo creo!
nicht es (ich-)glaube
Das glaube ich nicht.

¡No lo quiero!
nicht es (ich-)will
Das möchte ich nicht.

¡No me agrada!
nicht mir (es-)gefällt
Das gefällt mir nicht.

sich freuen

¡Qué bueno!	Wie gut!/Wie schön!
¡Buenísimo!	Super!
¡Me gusta mucho!	Das gefällt mir sehr!
¡Qué rico!	Wie schön!/Wie lecker!

¡Qué lindo!	Wie hübsch!
¡Me encanta!	Es gefällt mir wahnsinnig gut!
¡Qué tuanis!	Wie glücklich!

überrascht sein

¿De veras?/ ¿De verdad?	Wirklich?
¡Increíble!	Unglaublich!
¿Qué?/¿Qué dices?	Was?/Was sagst Du?
¡No me diga!	Was Sie nicht sagen!
¡En serio!	Im Ernst!

gleichgültig sein

No me importa.
nicht mir (es-)bedeutet
Das spielt keine Rolle.

Me da igual.
mir (es-)gibt gleich
Ist mir gleich.

Me da lo mismo.
mich (es-)gibt das gleiche
Ist mir total egal.

Me importa un pepino.
mich (es-)bedeutet ein Gurke
Ist mir vollkommen egal.

Angst haben

Tengo miedo de ...
(ich-)habe Angst von
Ich habe Angst vor ...

Me tiemblan las piernas.
mich (sie-)zittern die Beine
Mir zittern die Beine.

Me preocupa que ...
mich (es-)beunruhigt dass
Ich mache mir Sorgen, dass ...

Me muero de miedo.
mich (ich-)sterbe von Angst
Ich sterbe vor Angst.

Tengo mucho miedo
(ich-)habe viel Angst
Ich habe große Angst.

Mitleid haben

No se preocupe.
nicht sich (Sie-)sorgen
Machen Sie sich keine Sorgen.

¡Qué mala suerte!
was schlechte Glück
So ein Pech!

¡Pobrecito!
Du Ärmster!/
Der Ärmste!

¡Pobrecita!
Du Ärmste!/
Die Ärmste!

Esté tranquilo.
(Sie-)seien ruhig
Bleiben Sie ruhig.

¡Tómalo del cuello!
nimm(-du)-es vom Hals
Reg dich nicht auf!

¡Llevela suave!
tragen(-Sie)-sie weich
Nehmen Sie's leicht.

¡Relájate!
entspanne(-du)-dich
Entspann' Dich!

Das erste Gespräch

Buenos días. ¿Cómo está Usted?
gute Tage wie (er-/sie-)ist Sie
Guten Tag. Wie geht es Ihnen?

¿De qué país es Usted?
von was Land (er/sie-)ist Sie
Aus welchem Land kommen Sie?

Soy de Alemania.
(ich-)bin von Deutschland
Ich bin aus Deutschland.

Ah, interesante. ¿Y de qué ciudad en Alemania?
ah interessant und von was Stadt in Deutschland
Ah, interessant. Und aus welcher Stadt in Deutschland?

Dortmund, en el centro de Alemania.
Dortmund in der Zentrum von Deutschland
Dortmund, im Zentrum Deutschlands.

¿Cómo se llama Usted?
wie sich (er/sie-)ruft Sie
Wie heißen Sie?

Me llamo Eva.
mich (ich-)rufe Eva
Ich heiße Eva.

¿Y cual es su apellido?
und welcher (er-)ist Ihr Nachname
Und wie ist Ihr Nachname?

Mi apellido es Castro.
mein Nachname (er-)ist Castro
Mein Nachname ist Castro.

¿Está bien. Usted está aquí por vacaciones?
(es-)ist gut Sie (er/sie-)ist hier für Urlaub
Gut. Machen Sie hier Urlaub?

No, estoy trabajando.
nein (ich-)bin arbeitend
Nein, ich arbeite hier.

¿Qué está haciendo Usted en Alemania?
was (er/sie-)ist machend Sie in Deutschland
Was machen Sie in Deutschland?

Soy traductora.
(ich-)bin Übersetzerin
Ich bin Übersetzerin.

*Die mit * gekennzeichneten Hauptwörter haben nur eine Form, alle anderen bilden die weibliche Berufsbezeichnung auf* -a.

Berufe	
empleado/obrero	Angestellter/Arbeiter
médico/panadero	Arzt/Bäcker
campesino/electricista*	Bauer/Elektriker
peluquero/ama de casa	Friseur/Hausfrau
periodista* enfermero	Journalist/Krankenpfleger
maestro/gerente*	Lehrer/Manager
mecánico/carnicero	Mechaniker/Metzger
policía*/abogado	Polizist/Rechtsanwalt
pensionado/sastre*	Rentner/Schneider
alumno/estudiante*	Schüler/Student
artista*/traductor	Künstler/Übersetzer
vendedor/científico	Verkäufer/Wissenschaftler

Studienfächer	
arquitectura/biología	Architektur/Biologie
economía/química	BWL, VWL/Chemie
geografía/historia	Geographie/Geschichte
informática/derecho	Informatik/Jura
matemática/medicina	Mathematik/Medizin
música/pedagogía	Musik/Pädagogik
física/psicología	Physik/Psychologie
idiomas	Sprachen

¿Cuánto tiempo tiene Usted en Cuba?
wie viel Zeit (er/sie-)hat Sie in Cuba
Wie lange bleiben Sie in Kuba?

Tengo un año.
(ich-)habe ein Jahr
Für ein Jahr.

¿Cuántos años tiene Usted?
wie viele Jahre (er/sie-)hat Sie
Wie alt sind Sie?

Tengo treinta y tres años.
(ich-)habe dreißig und drei Jahre
Ich bin dreiunddreißig.

¿Usted tiene hermanos?
Sie (er/sie-)hat Brüder
Haben Sie Geschwister?

Sí, tengo una hermana.
ja (ich-)habe eine Schwester
Ja, ich habe eine Schwester.

¿Usted está casado/-a?
Sie (er/sie-)ist verheiratet)
Sind Sie verheiratet?

No, estoy soltero/-a.
nein (ich-)bin unverheiratet(m/w)
Nein, ich bin ledig.

¿Le gusta aquí?
Ihnen (es-)gefällt hier
Gefällt es Ihnen hier?

Sí, este país es muy bonito.
ja dieser Land (er-)ist sehr schön
Ja, dieses Land ist sehr schön.

Zu Gast sein

Kuba ist so arm, dass es oft am Lebensnotwendigsten mangelt, und es ist ein Teil der Überlebensstrategie der Kubaner geworden, sich auch durch sehr freundliches Verhalten gegenüber Touristen durchzuschlagen; in der Erwartung, etwas vom Reichtum der Touristen zu profitieren.

In Kuba sind die Leute sehr gastfreundlich. Obwohl sie wenig besitzen, geben sie gern. Wenn man zu einem Haus geht, wird man fast nie abgewiesen. Man sollte trotzdem vorsichtig sein und das nicht auszunutzen versuchen. Oft erwarten Kubaner unterschwellig einen gewissen „Ausgleich" für ihre Freundlichkeit und versuchen, ihren Gast zu „melken". Etwas gesunde Distanz sorgt dafür, dass man nicht falsche Erwartungen weckt.

¡Pase adelante!	**¡Siéntese por favor!**
gehen(-Sie) vorwärts	*setzen(-Sie)-sich für Gefallen*
Treten Sie ein!	Setzen Sie sich bitte!

¿Cómo está la familia?
wie (sie-)ist die Familie
Wie geht es der Familie?

¿Quiere tomar algo?
(er/sie-)will nehmen etwas
Möchten Sie etwas trinken?

Sí, gracias.	**No, gracias.**
Ja, danke.	Nein, danke.

¿Un cafecito, un fresco, algo de comer?
ein Kaffeechen ein Frische etwas von essen
Einen Kaffee, einen Saft oder vielleicht etwas zu essen?

Sí, algo de comer, por favor.
ja etwas von essen für Gefallen
Ja, etwas zu essen, bitte.

¡Sírvase/Sírvete, por favor!
bedienen(-Sie)-sich/bediene(-du)-dich für Gefallen
Nehmen Sie sich doch, bitte!/
Nimm' Dir doch, bitte!

¡Qué rica la comida!	**¿Quieres algo más?**
was reich die Essen	*(du-)willst etwas mehr*
Sehr lecker das Essen!	Möchtest Du noch etwas?

No, gracias, pero está muy rico todo.
nein danke aber (es-)ist sehr reich alles
Nein, vielen Dank, aber es ist alles sehr lecker.

¿Me pasas/pasa los frijoles, por favor?
mich (du-)reichst/(er/sie-)reicht die Bohnen für Gefallen
Reichst Du/Reichen Sie mir bitte die Bohnen?

Familie

Die Vorstellungen der Kubaner über Familie liegen weit von denen der Europäer entfernt. Der Vater ist immer noch die einzige Autorität im Haus, oft schlägt er seine Kinder oder auch seine Frau.

Die Wohnverhältnisse sind sehr beengt, viele Großfamilien teilen sich nur ein einziges Zimmer, und so sind Streitereien an der Tagesordnung.

Schlagartig wandelt sich das Bild, wenn ein Familienmitglied stirbt oder in Problemen steckt – ob es nun Ärger mit der Polizei ist oder sich ein Kind als homosexuell outet.

Dabei ist deutlich der Einfluss des Staates auf die Familie zu merken. Das Castro Regime hat die Prioritäten klar gesetzt: erst kommt die Revolution und dann die Familie. Die Einheit der Familie scheint suspekt zu sein; es ist schwierig, festzustellen, wem man vertrauen kann und wem nicht.

¿Donde está su familia ahora?
wo (sie-)ist Ihre Familie jetzt
Wo ist Ihre Familie im Moment?

¿Tiene novio/novia/hermanos/hijos?
(er/sie-)hat Freund/Freundin/Brüder/Söhne
Haben Sie einen Freund/eine Freundin/ Geschwister/Kinder?

Sí, tengo fotos de ellos, puedo demostrárselas.
ja (ich-)habe Fotos von sie (ich-)kann zeigen-sich-Sie
Ja, ich habe Fotos von ihnen und kann sie Ihnen gerne zeigen.

amigo	Freund	**amiga**	Freundin
novio	„Verlobter“	**novia**	„Verlobte“
marido, **esposo**	Ehemann	**esposa**	Ehefrau
papá, **padre**	Vater	**mamá**, **madre**	Mutter
abuelo	Großvater	**abuela**	Großmutter
nieto	Enkel	**nieta**	Enkelin
hermano	Bruder	**hermana**	Schwester
hijo	Sohn	**hija**	Tochter
tío	Onkel	**tía**	Tante
sobrino	Neffe	**sobrina**	Nichte
primo	Cousin	**prima**	Cousine
cuñado	Schwager	**cuñada**	Schwägerin
suegro	Schwiegervater	**suegra**	Schwiegermutter
padres	Eltern	**familia**	Familie

Ein weiblicher Chef wird manchmal etwas abschätzig mit mamá *betitelt. Die entsprechende Bezeichnung* papá *für einen männlichen Chef ist eher selten.*

Essen & Trinken

Die kubanische Küche hat ihre Ursprünge in den Kochkünsten der spanischen Kolonialisten. Diese haben sich vermischt mit den Essgewohnheiten der aus Afrika stammenden Sklaven. Daraus sind die sehr interessanten und typischen kubanischen Gerichte entstanden.

Ein sehr wichtiger Bestandteil ist **arroz** (Reis), der in vielen verschiedenen Variationen verwendet wird: **arroz blanco** (weißer Reis), **arroz moros** oder auch **congrís** (Reis gemischt mit schwarzen Bohnen); auch als Süßspeise wird Reis bereitet.

Die Bohnen sind die andere Säule der kubanischen Mahlzeiten. Was in Deutschland eine dicke Bohnensuppe ist, wird in Kuba als **potaje** serviert.

Typisch für die kubanischen Gerichte ist, dass sie vermengt serviert werden, à la Eintopf.

kubanische Spezialitäten

arroz con frijoles negros, yuca y lechón asado	Reis mit schwarzen Bohnen, Yucca und gegrilltes Schweinefleisch
Cristianos y moros (arroz congrís)	Christen und Mohren (Reis mit roten Bohnen; kubanisches Nationalgericht)
arroz a la cubana	Reis mit Rindfleisch, Eiern, Zwiebeln und Kochbanane
arroz con pollo	Reis mit Huhn

frijoles negros	schwarze Bohnen
ensalada de aguacate	Avocado-Salat
yuca	Yucca
sopa de camarones	Krabbensuppe
malanga	eine Art Kartoffel
boniato	süße Kartoffel
carne de cerdo asado	gegrilltes Schweinefleisch
puerco asado	geröstetes Schweinefleisch
chicharrón	fritierte Schweineschwarte
ropa vieja (wörtl.: *alte Kleidung*)	gekochtes Rindfleisch mit verschiedenen Gemüsen und Gewürzen
ajiaco	Gericht afrikanischer Herkunft mit getrocknetem Fleisch und Wurzelknollen
tamales	Maispastete mit unterschiedlichen Zutaten
tamal en casuela	Maispaste im Topf gekocht
plátanos a puñetazos	eine spezielle Art, grüne Banane zu essen
chatines	fritierte Bananen
coquimol	Nachtisch auf Kokosnussbasis mit Vanille und Rum
fufú	Püree aus Kochbananen mit Schmalz und Schweinehaut oder Speck
cucuruchu	Brei aus Kokos, Zucker, Honig, Mandeln und Pampelmusen, karamelisiert und in Bananenblätter gefüllt
casco de guayaba	Fruchtdessert aus Guayaba
café criollo	starker, schwarzer, meist schon gesüßter Espresso

im Restaurant

Für Kubaner sind Restaurantbesuche fast immer unerschwinglich. Touristen haben keine Probleme, sie können auch außerhalb der Touristenzentren Restaurants besuchen.

Die normalen Restaurants sind im Besitz des Staates, alle Angestellten erhalten einen festen Monatslohn.

Kubaner haben die Möglichkeit, private Restaurants, sogenannte **paladares** aufzumachen. Allerdings unterliegen sie dabei starken Kontrollen und Beschränkungen.

Da der Lohn recht niedrig ausfällt, ist die propina *(das Trinkgeld) der Touristen eine sehr wichtige Einnahmequelle für die Bedienung. Es sollte zwischen 5 und 10 % betragen.*

Im Restaurant			
restaurante	Restaurant		
comida	Mahlzeit	**plato**	Teller
desayuno	Frühstück	**vaso**	Glas
almuerzo	Mittagessen	**copa**	Weinglas
comida	Abendessen	**taza**	Tasse
menú/carta	Speisekarte	**cuchillo**	Messer
cubierto	Gedeck	**cuchara**	Löffel
servilleta	Serviette	**tenedor**	Gabel

¡Salonero/Salonera, por favor!
Saalmann/Saalfrau für Gefallen
Bedienung, bitte.

¡El menú, por favor!
der Menü für Gefallen
Die Karte, bitte.

Me gustaría comer pollo, por favor.
mir (es-)gefiele essen Huhn für Gefallen
Ich hätte gern ein Huhn, bitte.

Me gustaría beber un jugo, por favor.
mir (es-)gefiele trinken ein Saft für Gefallen
Ich würde gern einen Saft trinken, bitte.

¿Qué nos recomienda?
was uns (er-/sie-)empfiehlt
Was empfehlen Sie uns?

Tengo una queja.
(ich-)habe eine Klage
Ich habe eine Beschwerde.

La comida está fría.
die Essen (sie-)ist kalt
Das Essen ist kalt.

Me gustaría reservar una mesa para dos personas, por favor.
mir (es-)gefiele reservieren eine Tisch für zwei Personen für Gefallen
Ich möchte einen Tisch für 2 Personen reservieren.

Man sollte sich ein wenig im Restaurant umsehen, bevor man sich setzt, um Rückschlüsse auf die Hygiene zu ziehen. Wenn schon das Restaurant nicht sauber ist, wird es in der Küche ähnlich aussehen und die Toiletten kann man dann ganz vergessen.

¿Me da una servilleta, por favor?
mir (er/sie-)gibt eine Serviette für Gefallen
Können Sie mir bitte eine Serviette geben?

Un vaso, por favor.
ein Glas für Gefallen
Kann ich bitte ein Glas bekommen?

La cuenta, por favor.
die Rechnung für Gefallen
Die Rechnung, bitte.

¡La cuenta está mal hecha!
die Rechnung (sie-)ist schlecht gemacht
Die Rechnung stimmt nicht.

¡Usted me dio el cambio mal!
Sie mir (er/sie-)gab der Wechsel schlecht
Das Wechselgeld stimmt nicht.

¿Dónde se encuentran los servicios sanitarios?
wo sich (sie-)befinden die Anlagen sanitäre?
Wo sind die Toiletten?

Fleisch (carne)	
carne (w) de cerdo/puerco	Schweinefleisch
pescado/carne de pollo	Fisch/Hühnerfleisch
carne de res/carne de cerdo	Rindfleisch/Schweinefleisch
carne de conejo/filete (m)	Kaninchenfleisch/Filet
bistec/chuleta	Beefsteak/Kotelett

Fisch (pescado)	
pescado/pez, peje (m)	Fisch (tot/lebendig)
mariscos/calamares (m)	Meeresfrüchte/ Tintenfisch
langosta/camarones (m)	Hummer/Krabben
pargo/corvina	Barsch/Seebarsch
tiburón (m)/trucha	Hai/Forelle
pargo	roter Seefisch

Fischgerichte, Krabben und Hummer gibt es oft nur in den Touristenrestaurants. Dort gibt es jedoch köstliche, frische Fischspezialitäten zu Preisen, die in Europa nicht möglich sind.

Auch wenn Kuba eine Insel ist, so hat der Fisch doch keinen allzu hohen Stellenwert in der kubanischen Küche.

Gemüse (vegetales, verduras)	
pepino/tomate	Gurke/Tomate
zucchini/ayote	Zucchini/Kürbis
zanahoria/apio	Mohrrübe/Sellerie
papa/lechuga	Kartoffel/Kopfsalat
repollo/col	Weißkohl/Kohl
lentejas/ajíes	Linsen/roter Chili
aguacate/frijoles	Avocado/Bohnen

Gewürze (especies)	
cebolla/ajo	Zwiebel/Knoblauch
sal/azúcar	Salz/Zucker
pimienta/chile	Pfeffer (schwarz)/Chili
vinagre/aceite	Essig/Öl
aceite de oliva/ vegetales	Olivenöl/Salatöl
orégano/canela	Oregano/Zimt

Nachtisch (postre)	
casco de guayaba	typisches Fruchtdessert
dulce de frutabomba	Fruchtdessert
arroz con leche	Milchreis
natilla	spezieller kubanischer Pudding
flan	Pudding
flan de vanilla	Vanillepudding
pudin de pan	Brotpudding
pastel	Kuchen
helado	Eiscreme

¿Cuánto cuesta el helado?
wie viel (er-)kostet der Eis
Was kostet das Eis?

¿Hay frutas frescas?
(es-)gibt Früchte frische
Gibt es frische Früchte?

¿Están frescas las frutas?
(sie-)sind frisch die Früchte
Sind diese Früchte frisch?

Als großes Zuckerrohr produzierendes Land hat Kuba natürlich seinen eigenen Rum. Vor der Revolution kam der Bacardi Rum von der Insel Kuba. Jetzt ist es eine US-amerikanische Marke.

Der beste Rum dürfte wohl „Havana Club“ sein. Aber man kann aus den vielen Angeboten seinen eigenen Favoriten herausfinden.

alkoholische Getränke	
cerveza	Bier
malta	Malzbier, süß
vino blanco/ rosado/tinto	Weißwein/ Roséwein/Rotwein
aguardiente	Weinbrand
anís (m)	Anisschnaps
menta	Pfefferminz
ron (m)	Rum
cóctel (m)	Cocktail
Cuba Libre	Rum, Eis, Cola, Limonensaft
Mojito	Rum, Limonensaft, Soda, Zucker, Eis, frische Minze
Daiquirí	Rum, Limonensaft, Zucker, Eis, Maraschino
Isla de Pinos	Rum, Eis, Grapefruitsaft
Ron Collins	Rum, Zucker, Limonensaft, Eis, Soda

nicht alkoholische Getränke (bebidas)	
clubsoda, agua mineral	Mineralwasser
refresco/fresco natural	Erfrischungsgetränk/Fruchtsaft
fresco de piña	Ananassaft
refresco de naranja/limón	Orangen-/Zitronensprudel
limonada	Limonade
jugo de caña	Zuckerrohrsaft
café (m) (sin lech/azúcar)	Kaffee (ohne Milch/ Zucker)
té (m) (con leche/azúcar)	Tee (mit Milch/Zucker)

Das Leitungswasser kann man zwar trinken, sicherer und gesünder ist es allerdings, sich an Mineralwasser und importierte Softdrinks zu halten.

Unterkunft

Obwohl es offiziell verboten ist, vermieten immer mehr Kubaner Schlafplätze an Touristen. Diese sehr preiswerte Alternative zum Hotelzimmer hat den Vorteil, dass man seine Gastgeber meist besser kennen lernt und so einen einfachen Zugang zum Land gewinnt. Das Risiko für den Touristen dürfte dabei minimal sein.

¿Hay un hotel por aquí cerca?
(es-)gibt ein Hotel für hier nah
Gibt es hier in der Nähe ein Hotel?

Nececitamos una habitación con baño privado por dos noches.
(wir-)brauchen eine Zimmer mit Bad privat für zwei Nächte
Wir hätten gerne ein Zimmer mit eigenem Bad für zwei Nächte.

¿Tiene una habitación libre para dos personas, con ducha/baño?
(er/sie-)hat eine Zimmer frei für zwei Personen mit Dusche/Bad
Haben Sie ein Zimmer für zwei Personen frei, mit Dusche/Bad?

¿Podríamos verla?
(wir-)könnten sehen-sie
Könnten wir es sehen?

¿Podría mostrármela?
(er/sie-)könnte zeigen-mir-sie
Könnten Sie es mir zeigen?

¿Hay agua caliente?
(es-)gibt Wasser warm
Gibt es warmes Wasser?

Está bien. Nos quedamos aquí.
(es-)ist gut uns (wir-)bleiben hier
Gut. Wir bleiben hier.

¿Cuánto cuesta la habitación con desayuno?
wie viel (sie-)kostet die Zimmer mit Frühstück
Wie viel kostet das Zimmer mit Frühstück?

¿A qué hora es el desayuno?
zu was Stunde (es-)ist der Frühstück
Um wie viel Uhr gibt es Frühstück?

Disculpe, pero el agua caliente no sirve.
entschuldigen(-Sie) aber der Wasser warm nicht (er-)dient
Entschuldigung, aber das warme Wasser funktioniert nicht.

Necesito/Necesitamos ...
(ich-)brauche/(wir-)brauchen
Ich/Wir brauche(n) ...

Falta un/una ...
(es-)fehlt ein/eine ...
Es fehlt ein/eine ...

... no funciona.
... nicht (er-/sie-)funktioniert
... funktioniert nicht.

hotel (m)	Hotel
barato	billig
tranquilo	ruhig
central	zentral gelegen
cuarto sencillo/cuarto doble	Einzelzimmer/Doppelzimmer
baño privado/ducha	eigenes Bad/Dusche
agua caliente/agua fría	warmes Wasser/kaltes Wasser
agua corriente	fließend Wasser
cama (matrimonial)	(Doppel-)Bett
piso/patio	Stockwerk/Innenhof
jardín (m)/piscina	Garten/Schwimmbecken
ventilador (m)/aire acondicionado	Ventilator/Klimaanlage
calefacción (w)/luz (w)	Heizung/Licht
radio (w)/televisor (m) (tele)	Radio/Fernseher
llave (w)/mosquitero	Schlüssel/Moskitonetz
toalla/jabón (m)/sábana	Handtuch/Seife/Bettlaken
cubrecama (w)/almohada	Bettdecke/Kopfkissen

Unterwegs

Die Häuser in den Städten haben Hausnummern, in den kleinen Städten oder Dörfern ist es üblich, ein kleines Schild mit den Buchstaben „s/n" = sin número *(ohne Nummer) am Haus zu befestigen.*

In Kuba gibt es nur zwei Städte mit mehr als 1 Million Einwohner (Havanna und Santiago de Cuba). Alle anderen Städte sind eher klein. Wie in den meisten kolonialen Städten ist das Straßennetz schachbrettartig angelegt. Die dadurch entstandenen Häuserblocks heißen **manzana** und sind etwa 100 m breit. Der Bürgersteig, oder was in Kuba dafür benutzt wird, heißt **cuadra** und hat dementsprechend ebenfalls eine Länge von 100 m. Er wird zur Längenangabe verwendet. Wenn etwas 4 **cuadras** entfernt ist, sind das also 400 m.

Bei Adressenangaben sollte man sich immer auch nach dem **barrio/reparto** (Stadtteil) erkundigen.

Viele der schönen alten Häuser sind dem Zerfall preisgegeben. Nur in Havanna bemüht man sich mittlerweile die alten Häuser zu restaurieren.

in einer kubanischen Stadt

Disculpe, ¿dónde queda la calle ...?
(er-/sie-)entschuldige, wo (es-)bleibt die Straße ...
Entschuldigen Sie, wo ist die Straße ...?

¿Podría mostrármelo en el mapa, por favor?
(er-/sie-)könnte zeigen-mir-es in der Karte, für Gefallen
Könnten Sie es mir bitte auf der Karte zeigen?

¿Cuánto falta para ...?
wie viel (es-)fehlt für ...
Wie weit ist es bis ...?

¿Dónde está ...?
wo (es-/er-/sie-)ist ...
Wo ist ...?

Queda muy cerca.
(es-)bleibt sehr nah
Es ist ganz in der Nähe.

Está aquí a la vuelta.
(es-)ist hier zu die Drehung
Es ist gleich hier um die Ecke.

Es la tercera calle a la izquierda después del cruce grande.
(es-)ist die dritte Straße zu die linke nach von-die Kreuzung große
Es ist die dritte Straße links nach der großen Kreuzung.

Está lejos, a unos nueve cuadras de aquí.
(es-)ist weit, zu einige neun Bürgersteige von hier
Es ist weit, ungefähr neunhundert Meter von hier.

a la izquierda	(nach) links	**a la derecha**	(nach) rechts
derecho, **recto**	geradeaus	**enfrente de**	gegenüber
atrás	zurück	**al lado de**	neben
delante de	vor	**detrás de**	hinter
arriba	oben, hinauf	**abajo**	unten, hinunter
aquí, **acá**	hier	**allí**, **allá**	dort
por acá	hierhin	**por allá**	dorthin
cerca	nah (gelegen)	**lejos**	weit (entfernt)
calle (w)	Straße	**plaza**	Platz
crucen (m)	Kreuzung	**esquina**	Ecke
semáforo	Ampel	**barrio**	Viertel

en dirección de	in Richtung ...
en el centro de	im Zentrum von
guagua/terminal/parada	Bus/Busbahnhof/Haltestelle
tiquete (m), **boleto**	Fahrschein
chófer, **conductor**	Busfahrer

mit dem Bus

Diese Transportprobleme sind auf dem Land größer als zum Beispiel in Havanna. Es gibt Gebiete, in denen kein Busverkehr stattfindet. Das liegt teilweise an der mangelnden Benzinversorgung sowie an schlechter Ersatzteilbeschaffung.

Der Transport ist in ganz Kuba ein großes Problem. Die Busse sind grundsätzlich überfüllt. Die Abfahrtszeiten werden nicht immer korrekt eingehalten. Die gleichen Probleme gibt es auch bei allen anderen Transportmitteln (Taxi, Zug, etc.)

Die besten Möglichkeiten sind Touristen taxis oder Leihwagen, weil diese Transport möglichkeiten relativ günstig sind. Verboten ist es, sich ein Auto privat (auch von Freunden) zu leihen. Für Kurzstrecken lohnt es sich, ein Mofa zu mieten.

Wenn man mit öffentlichen Bussen reisen möchte, sollte man sich auf Verspätungen, Ausfälle und überfüllte Busse einstellen. Als Alternative gibt es auch Touristenbusse, die man vorzeitig reservieren muss und für die man in Dollar zahlen muss.

¿Cuándo llega la guagua?
wann (sie-)ankommt die Bus
Wann kommt der Bus?

¿Dónde para la guagua ...?
wo (sie-)hält die Bus
Wo hält der Bus?

¿Dónde puedo comprar los tiquetes?
wo (ich-)kann kaufen die Fahrscheine
Wo kann ich Fahrscheine kaufen?

¿A qué hora sale la próxima guagua para Cienfuegos?
zu was Stunde (sie-)ausgeht die nächste Bus für Cienfuegos
Um wie viel Uhr fährt der nächste Bus nach Cienfuegos ab?

¿Disculpe, de dónde sale la guagua para Varadero?
verzeihen(-Sie) von wo (sie-)ausgeht die Bus für Varadero
Entschuldigung, von wo fährt der Bus nach Varadero?

¡Bajamos!
aussteigen(-wir)
Wir steigen aus!

¿Queda campo?
(es-)bleibt Platz
Ist noch was frei?

No hay lugar.
nicht (es-)gibt Platz
Es ist kein Platz frei.

¿Dónde está la próxima parada de las guaguas para Santa Clara?
wo (sie-)ist die nächste Haltestelle von die Busse für Santa Clara
Wo ist die nächste Haltestelle der Busse nach Santa Clara?

mit dem Taxi

Es empfiehlt sich aber immer, im Voraus zu fragen, was die Fahrt in etwa kosten wird, damit einem böse Überraschungen erspart bleiben. Am einfachsten ist es, das Taxi im Hotel zu organisieren oder auf der Straße anzuhalten.

Früher gab es in Kuba zwei verschiedene Sorten Taxis: die für Touristen und die für die Bevölkerung. Erstere mussten mit US-Dollar bezahlt werden. Heute verlangen alle Taxifahrer von ihren Kunden Bezahlung in Dollar, so dass es für Kubaner schwer ist, ein Taxi zu bekommen. Die Einheimischen nennen ihre Taxis **incapturables** (die Nichtfangbaren), da sie so selten anhalten, wenn man sie braucht.

Die Taxen sind mit Taxameter ausgerüstet, mit denen der Fahrpreis ermittelt wird.

¿Puede encender el taxímetro por favor?
(er/sie-)kann anzünden der Taxameter für Gefallen
Können Sie bitte den Taxameter einschalten?

¿Cuánto cuesta/vale un tour para este hotel?
wie viel (es-)kostet/gilt ein Tour für dieser Hotel
Wie viel kostet die Fahrt zu diesem Hotel?

¿Porqué tanto?
warum soviel
Warum soviel?

Es muy caro.
(es-) ist sehr teuer
Das ist zu teuer.

¡Pero, éste no es el camino correcto!
aber dieser nicht (er-)ist der Weg korrekt
Aber das ist nicht der richtige Weg!

¡Aquí me quedo!
hier mich (ich-)bleibe
Ich steige hier aus!

¡Pare aquí, por favor!
stoppen(-Sie) hier für Gefallen
Halten Sie bitte hier an!

mit dem Auto

In Kuba gibt es sehr wenige private Autos (gut für den Wald!). Einige verdiente Altrevolutionäre haben einen Lada aus sowjetischer Produktion, sonst gibt es noch amerikanische Straßenkreuzer aus der Zeit vor der Revolution. Diese werden liebevoll gepflegt und sind mitverantwortlich für das typische Flair von Havannas Straßenbild.

Touristen können sich relativ preiswert einen Wagen mieten. Man sollte einen internationalen Führerschein mitnehmen.

Viele Straßen sind in einem sehr schlechten Zustand. Dazu kommt, dass sich die meisten Verkehrsteilnehmer nicht besonders an die Verkehrsregeln halten: also vorsichtig fahren!

¿Cuánto tiempo necesitamos para ir hasta allá?
wie viel Zeit (wir-)brauchen für gehen bis dorthin
Wie lange brauchen wir, um dorthin zu kommen?

¿Podría mostrármelo en el mapa, por favor?
(er/sie-)könnte zeigen-mir-es in der Karte für Gefallen
Könnten Sie es mir bitte auf der Karte zeigen?

¿Cuánto falta para ...?
wie viel (es-)fehlt für
Wie weit ist es bis ...?

Está muy cerca/lejos.
(es-)ist sehr nah/fern
Es ist sehr nah/weit.

¿Dónde puedo rentar un carro?
wo (ich-)kann mieten ein Auto
Wo kann ich ein Auto mieten?

¿A cuántos kilómetros está...?
zu wie viele Kilometer (es-)ist
Wie viele Kilometer sind es bis ...?

Tanken ist in Kuba sehr kompliziert. Einheimische bekommen eine monatliche Ration Benzin zugeteilt (ca. 15 l). Touristen können an öffentlichen Tankstellen gegen Dollar tanken, oder auch Benzingutscheine einlösen, die man z. B. in den Hotels bekommt. Die Benzinversorgung für Touristen ist bisher kein Problem gewesen.

¿El seguro y los impuestos ya están incluidos en el precio?

der Versicherung und die Steuern schon (sie-)sind eingeschlossen in der Preis

Sind die Versicherung und die Steuern schon im Preis enthalten?

calle (w)/carretera/ camino	Straße/Landstraße/ Weg
alquilar	mieten
tarjeta de crédito	Kreditkarte
manejar, **conducir**	(Auto) fahren
doblar a la izquierda/ derecha	nach links/ rechts abbiegen
frenar/parar/ dar la vuelta	bremsen/anhalten/ wenden
semáforo/cruce (m)	Ampel/Kreuzung
mal estacionado	falsch geparkt
placa/licencia (de conducir)	Nummernschild/ Führerschein

Die Entfernungen zwischen den einzelnen Tankstellen sind sehr groß. Der Schwarzmarkt auf diesem Gebiet wird immer größer.

bomba (de gasolinera)	Tankstelle
gasolina (normal/extra)	Benzin (normal/super)
sin plomo/petróleo	bleifrei/Diesel
aceite (m)/ agua de radiador	Öl/ Kühlwasser
cambio de aceite/ nivel (m)de aceite	Ölwechsel/ Ölstand
aire en las gomas	Reifendruck
líquido de frenos	Bremsflüssigkeit

¡Lleno, por favor!
voll für Gefallen
Volltanken, bitte!

¿Está bien el aire en las gomas?
(er-)ist gut der Luft in die Gummis
Ist der Reifendruck in Ordnung?

¿Podría hacerme un cambio de aceite, por favor?
(er/sie-)könnte machen-mir ein Wechsel von Öl für Gefallen
Könnten Sie mir bitte einen Ölwechsel machen?

accidente (m)	Unfall, Panne
taller mecánico/	Werkstatt/
grúa	Abschleppwagen
remolcar/	abschleppen/
cargar la batería	Batterie aufladen
pieza de repuesto/	Ersatzteil/
cambiar	auswechseln
arreglar/ajustar/	reparieren/einstellen/
revisar	überprüfen

¿Me podría remolcar, por favor?
mich (er/sie-)könnte abschleppen für Gefallen
Könnten Sie mich bitte abschleppen?

El carro no arranca.
der Wagen nicht (er-)startet
Der Wagen springt nicht an.

Sale aceite del motor.
(es-)ausgeht Öl vom Motor
Der Motor verliert Öl.

Los frenos no funcionan bien.
die Bremsen nicht (sie-)funktionieren gut
Die Bremsen funktionieren nicht richtig.

arranque (m)/batería/freno	Anlasser/Batterie/Bremse
caja de cambios/claxon (m)	Getriebe/Hupe
radiador (m)/filtro de aceite	Kühler/Ölfilter
filtro de aire/motor/tuerca	Luftfilter/Motor/Mutter
bomba (de agua/de gasolina)	(Wasser-/Benzin-)Pumpe
rueda/neumático, goma	Rad/Reifen
limpiaparabrisas (m)	Scheibenwischer
faro/tornillo/válvula	Scheinwerfer/Schraube/Ventil
carburador (m)/bujía	Vergaser/Zündkerze
lima/martillo/paño	Feile/Hammer/Lappen
llave (w) de tuercas	Schraubenschlüssel
destornillador (m)	Schraubenzieher
gata/herramienta/alicate (m)	Wagenheber/Werkzeug/Zange

mit dem Zug

Die wichtigste Industrie in Kuba ist neben dem Tabak- der Zukerrohranbau. Das Zuckerrohr wird mit alten Frachtwaggons in die Zuckerfabriken transportiert. Dies ist ein sehr eindrucksvolles Bild, das man sich nicht entgehen lassen sollte.

Es gibt in Kuba ein Eisenbahnnetz, das die ganze Insel umspannt. Die Züge, die auf den längeren Strecken verkehren, sind vergleichsweise komfortabel. Die Tickets werden den Touristen, wenn immer möglich, gegen Dollars verkauft. Aber auch dann sind die Fahrpreise sehr niedrig.

Die Züge in Kuba verkehren relativ selten. Als spezielle Attraktion gilt eine Zugreise zwischen Havanna und Matanzas (ca. 100 km, 3 Std. Fahrzeit). Die Strecke ist sehr schön und führt an Wäldern und Stränden entlang.

mit dem Flugzeug

Die Inlandsflüge in Kuba haben nicht den Sicherheitsstandard der Europäer, sind aber relativ preiswert. Sie werden oft von alleinreisenden Touristen benutzt, die die kleineren Städte in Kuba bereisen und den beschwerlichen Landweg meiden wollen.

Die Flugzeuge auf den internationalen Verbindungen dürften als sicher angesehen werden. Über den Sicherheitsstandard der Inlandsflüge sollte man sich vor der Planung des Trips in einem Reisebüro informieren.

CUBANA ist der Name der Fluggesellschaft. Sie gilt als Hightechunternehmen in Kuba.

Das Wetter auf Cuba

Kuba liegt in den Tropen. Das bedeutet, es ist dort heiß und die Sonne scheint jeden Tag. Tagsüber liegen die Temperaturen bei 30C. Jahreszeiten wie in Europa gibt es nicht, jedoch eine verstärkte Regenperiode im Mai, die Kubaner nennen sie „**las lluvias de mayo**“. Aber auch sonst regnet es oft und viel.

Das Meereswasser hat das ganze Jahr über Badetemperatur.

Wetter	**el tiempo**	Temperatur	**la temperatura**
Wind	**el viento**	Sturm	**la tempestad**
Hitze	**el calor**	Kälte	**el frío**
warm	**caliente**	kalt	**frío**
Sonne	**el sol**	Regen	**la lluvia**
sonnig	**soleado**	regnerisch	**lluvioso**
Blitz	**el rayo**	Donner	**el trueno**
Wolke	**la nube**	Himmel	**el cielo**
Luft	**el aire**	Klima	**clima**

Obwohl Kuba in der „Hurricanstraße“ liegt, erreichen nur 10 % der Wirbelstürme die Insel.

Aber die sollten in den Hotels keine Gefahr darstellen; die lokale Bevölkerung in ihren alten Hütten hat da schon mehr zu befürchten.

Hace calor.	Es ist warm.
Hace frío.	Es ist kalt.
Hace viento.	Es ist windig.
Hace buen/ mal tiempo.	Das Wetter ist gut/ schlecht.
Hace sol.	Die Sonne scheint.
Hace treinta grados.	Es sind 30 Grad.

Auf dem Lande

„Das ist der schönste Flecken Erde, den ich je gesehen habe“ sagte Christoph Kolumbus, als er das erste Mal Kuba betrat. Die Wälder in Kuba sind vielfach unberührte und exotische Natur. Kubas Nationalbaum ist die **Palma Real**, die Königspalme, die in jeder Region zu finden ist.

Auf der roten, tonigen Erde Mittelkubas, die das Regenwasser gut hält und damit am fruchtbarsten ist, wachsen Zuckerrohr, Gemüse und wertvolle Hölzer.

norte	Norden	**sur**	Süden
este	Osten	**oeste**	Westen

Landschaft

monte (m)	Berg	**valle (m)**	Tal
bahía	Bucht	**finca**	Viehfarm
campo	Feld, Land	**río**	Fluss
cumbre (w)	Gipfel	**cueva**	Höhle
costa	Küste	**mar (m)**	Meer
lago	See	**camino**	Weg

tabaco	Tabak	**azúcar (m)**	Zucker
coco	Kokos	**cacao**	Kakao
café (m)	Kaffee	**limones (m)**	Zitronen
naranjas	Orangen	**mandarinas**	Mandarinen
maní (m)	Erdnuss	**fruta bomba**	Papaya
caña de azúcar	Zuckerrohr	**zafra**	Zuckerrohrernte
guarapo	Zuckerrohrsaft	**trapiches**	Zuckerrohrmühlen

Säugetiere

manatí	Seekuh	**buey**	Ochse
burro	Esel	**mula**	Maultier
caballo	Pferd	**vaca**	Kuh
toro	Stier	**oveja**	Schaf
perro	Hund	**gato**	Katze
conejo	Kaninchen	**liebre**	Hase
cerdo	Schwein	**cabra**	Ziege
murciélago	Fledermaus	**ardilla**	Eichhörnchen

Vögel

tocororo	National-vogel	**garza blanca**	weißer Reiher
pájaro	Vogel	**búho**	Eule
colibri	Kolibri	**gallo, gallina**	Hahn, Huhn
pato	Ente	**lora**	großer Papagei
perico	kl. Papagei	**águila**	Adler
pelicano	Pelikan	**canario**	Kanarienvogel
flamenco	Flamingo	**trogón**	Kuba-Trogón
tiñoza	Aasgeier	**sinsonte**	Singvogel

Fische/Reptilien

lagarto	Alligator	**lagartija**	Eidechse
serpiente	Schlange	**tiburón**	Hai
trucha	Forelle	**pargo**	Barsch
iguana	Leguan	**caimán**	Krokodil
tortuga	Schildkröte	**caguama**	Riesen-schildkröte
anguila	Aal	**pez perro**	Hundefisch

manjuarí: *Süßwasserfisch mit krokodilähnlichem Kopf*

Insekten/Käfer/Würmer

hormiga	Ameise	**cucaracha**	Kakerlak
mosquito	Mücke	**mariposa**	Schmetterling
araña	Spinne	**abejón**	Käfer
abeja	Biene	**avispa**	Wespe
mosca	Fliege	**jején**	Stechmücke
alacrán	Skorpion	**mula de diablo/ mantis religiosa**	Gottesanbeterin

Pflanzen

palmera	Palme	**árbol, árboles**	Baum
palma de coco	Kokospalme	**palma de corcho**	Korkpalme
bambú	Bambus	**jagüey**	Laubbaumart
jacarandá	Jacaranda	**loteria**	Philodendron
hibiscus	Hibiskus	**orquidea**	Orchidee
rosa	Rose	**helecho**	Farn

palma real	Königspalme, Nationalbaum Kubas
mariposa	Schmetterlingsblume; die weiße Blüte giltals nationales Symbol Kubas
almacigo	erhöhtes Gras (spezielles Hasen-/Kaninchen-Futter)

am Strand von Varadero

Varadero, in der Provinz Matanzas, etwa 100 km von Havanna, ist in den letzten Jahrzehnten zum größten Ferienzentrum Kubas herangewachsen. Der 20 km lange Sandstrand gehört zu den schönsten der Welt. Das türkisblaue Meer bis zum Horizont und der kilometerweite weiße Sandstrand laden zum Baden ein.

In den letzten Jahren hat es sich stets mehr zum Platz ausschließlich für die zahlungskräftigen Touristen entwickelt.

arena/playa	Sand/Strand
fina/blanca	fein/weiß
mar (m)/azul	Meer/blau
isla/península	Insel/Halbinsel
hotel (m)/recepción (w)	Hotel/Rezeption
turismo/turista	Tourismus/Tourist(in)
espectáculo/show	Show/Cabaret/Revue
animación (w)	Animation
actividades náuticas	Wassersportarten
patas de ranas	Schwimmflossen
bicicleta	Fahrrad
cantinero	Barkeeper

Que playa tan impresionante, ¿verdad?
was Strand so beeindruckend, Wahrheit?
Ist der Strand nicht sehr beeindruckend?

Pues si, la arena es muy fina y el agua es azul transparente.
also ja, die Sand (sie-)ist sehr fein und der Wasser (er-)ist blau durchscheinend
Ja sicher, der Sand ist sehr fein und das Wasser ist blau und klar.

¿Tienes todo incluído en el viaje?
(du-)hast alles eingeschlossen in der Reise
Ist bei Deiner Reise alles inklusive?

No, sólo el desayuno. ¿Y tú?
nein, nur der Frühstück. und du
Nein, nur mit Frühstück. Und Du?

Sí, todo.
ja, alle
Ja, alles.

Einkaufen

In Kuba gibt es noch das gute alte Rationensystem. Bestimmte Dinge wie z. B. Zucker, Speiseöl, Schuhe und Kleidung erhalten die Kubaner nur auf **libreta** (Lebensmittelkarte). Die Geschäfte sind so gut wie leer, was auch teilweise auf den Handelsboykott durch die USA zurückzuführen ist.

Wenn die Kubaner etwas benötigen, so kaufen sie es auf dem offiziell verbotenen Schwarzmarkt.

Für Alte, Kranke, Kinder und Schwangere gibt es unter der Bezeichnung **dieta** Sonderzuteilungen.

Die in einzelne Coupons eingeteilten und jedes Jahr neu ausgestellten Hefte funktionieren nach einem komplizierten System von Buchstaben- und Zahlenkombinationen.

Für Touristen gibt es jedoch alles zu kaufen. Die Hotels haben spezielle Geschäfte, um ihre Kunden mit allem zu versorgen. In größeren Städten findet man Geschäfte, **diplo tiendas** genannt, die für Dollars so gut wie alles verkaufen, was man auch in Deutschland kaufen kann. Die Preise sind relativ niedrig, auch für Importwaren.

Es entwickeln sich auch kleine Lebensmittelmärkte, wo die Bauern ihre Waren feilbieten. Die Händler wollen dort natürlich am liebsten Dollars und ein wenig Handeln gehört hier zum Geschäft.

¡Pase adelante!
gehen(-Sie) vorwärts
Treten Sie näher!

Sólo quiero ver.
nur (ich-)will sehen
Ich möchte mich nur umsehen.

¿Este producto está hecho a mano?
dieser Produkt (er-)ist gemacht zu Hand
Ist dieses Produkt handgemacht?

¿Cuánto vale la hamaca?
wie viel (sie-)gilt die Hängematte
Wie viel kostet die Hängematte?

Me parece muy caro.
mir (es-)scheint sehr teuer
Das erscheint mir sehr teuer.

Es demasiado caro.
(es-)ist zu teuer
Das ist zu teuer.

Es una oferta.
(es-)ist eine Angebot
Das ist ein Angebot.

¿No hay algo más barato?
nicht (es-)gibt etwas mehr billig
Gibt es nichts Billigeres?

¿Podemos negociar?
(wir-)können verhandeln
Können wir verhandeln?

Quiero probarme esta camisa, por favor.
(ich-)will probieren-mir diese Hemd, für Gefallen
Ich möchte gerne dieses Hemd anprobieren.

Kleidung			
brasier	BH	**falda**	Rock
blusa	Bluse	**sandalias**	Sandalen
camisa	Hemd	**zapatos**	Schuhe
pantalón	Hose	**medias**	Socken
sombrero	Hut	**ropa interior**	Unterwäsche
chaqueta	Jacke	**calzones**	Damenslip
vestido	Kleid	**calzoncillos**	Herrenslip
ropa	Kleidung	**camiseta**	T-Shirt
suéter	Pullover	**pañuelo**	Tuch

¿Dónde puedo comprar...?
wo (ich-)kann kaufen
Wo bekomme ich...?

¿Llegó mucha mercancía?
kam viele Ware
Ist viel Ware gekommen?

No, lo mismo de siempre.
nein, das selbe von immer
Nein, es ist immer dasselbe.

negocio/tienda	Handel, Geschäft/ Geschäft, Laden
oferta/ganga	Angebot/Gelegenheitskauf
calidad (w)/ cantidad (w)	Qualität/ Menge
barato/caro	preiswert/teuer
hecho a mano	handgemacht
abierto/cerrado	geöffnet/geschlossen
ofrecer/necesitar	anbieten/brauchen
comprar/vender	kaufen/verkaufen
cambiar/negociar	tauschen, wechseln/ (ver-)handeln
hacer cola/coleros	Schlange stehen/ bezahlte Schlangesteher
mercado/ supermercado	Markt/ Supermarkt
mercado negro	Schwarzmarkt
bodega	Einkaufsmarkt für die libreta

¿Pedro, hay mucha cola?
Pedro (es-)hat viele Schlange
Pedro, gibt es eine lange Schlange?

Claro, la cola es inmensa.
klar die Schlange ist immens
Ja, die Schlange ist riesig.

Einkaufsliste			
aguja	Nadel	**jabón (m)**	Seife
batería	Batterie	**libro**	Buch
bombilla	Glühbirne	**mapa (m)**	Landkarte
candela	Kerze	**papel sanitario**	Toilettenpapier
caset (m)	Kassette	**pasta dental**	Zahncreme
cepillo dental	Zahnbürste	**peine (m)**	Kamm
cigarillos	Zigaretten	**películas**	Filme
crema, loción (w)	Creme	**perfume (m)**	Parfüm
disco compacto	CD	**periódico**	Zeitung
entrevista	Zeitschrift	**preservativo/ condón**	Kondom
fósforos	Streichhölzer	**rasador (m)**	Rasierer
gafas para el sol	Sonnenbrille	**repelente (m)**	Insektenschutz
hilo	Garn	**tijera**	Schere
hoja de afeitar	Rasierklinge	**toalla sanitaria**	Damenbinden

Fotografieren

Fotografieren in Kuba ist recht problemlos. Wie überall, sollte man vorher fragen, ehe man Menschen fotografiert. Normalerweise haben die Kubaner nichts dagegen.

Auf jeden Fall verboten ist das Fotografieren von militärischen Anlagen.

Por favor, ¿me permite tomarle una foto?
für Gefallen mir (er/sie-)erlaubt nehmen-ihm/ihr eine Foto
Darf ich ein Foto von Ihnen machen?

¿Es posible tomar una foto?
(es-)ist möglich nehmen eine Foto
Ist es möglich zu fotografieren?

Por favor, ¿pueden revelarme esta película?
für Gefallen, (sie-)können entwickeln mir diese Film
Können Sie mir bitte diesen Film entwickeln?

¿Cuándo va a estar listo?
wann (er-)geht zu sein fertig
Wann wird er fertig sein?

cámara/cámara de video	Fotoapparat/Videokamera
objetivo/flash (m)/trípode (m)	Objektiv/Blitz/Stativ
película (para diapositivas)	(Dia-)Film
película blanca y negra	Schwarzweißfilm
película en color	Farbfilm
foto (w)/diapositivo	Foto/Dia
tomar una foto/filmar/revelar	fotografieren/filmen/entwickeln
negativo/copia	Negativ/Abzug

Bank

Bargeld sowie Reiseschecks von Thomas Cook sind zu empfehlen. US-Reiseschecks werden nicht eingelöst. Auch kann man mittlerweile Euro gegen Dollar tauschen. Pesos dürfen weder ein- noch ausgeführt werden.

Um diese Probleme zu vermeiden, sollte man versuchen, beim Geldtauschen echte US-Dollar zu erhalten und keine certificados.

Wie alle Institutionen ist auch die Bank staatlicher Natur. Die kubanische Währung ist der **peso cubano**. Für Touristen ist er uninteressant, da sie fast alles in Dollar bezahlen müssen.

Als Wechselgeld bekommt man oft „**certificados**" oder „**monedas intur**", eine Art kubanischer Dollar-Gutschein. Solange man auf Kuba ist, kann man ihn genauso ausgeben wie echte US-Dollar. Bei der Ausreise kann es allerdings passieren, dass man die **certificados** nicht zurückwechseln kann, weil (angeblich) keine passenden US-Dollarscheine da sind.

banco/caja	Bank/Kasse
cheque (m) de viajero/ cambio	Reisescheck/ Wechselkurs
monedas/billetes (m)	Münzen/Geldscheine
cuenta/monto/ transferencia	Konto/Betrag/ Überweisung
tarjeta de crédito	Kreditkarte

Quiero cambiar ...
(ich-)will umtauschen ...
Ich möchte ... umtauschen.

¿Puedo cambiar dinero/cheques de viajero aquí?
(ich-)kann wechseln Geld/Schecks von Reisender hier
Kann ich hier Geld/Reiseschecks wechseln?

Post & Telefon

Der Service der Post in Kuba ist nicht sehr gut. Ein Luftpostbrief aus Deutschland ist ca. 20 Tage unterwegs. Manchmal verschwindet Post auch auf diesem langen Weg. Ein Teil der Post wird eventuell durch zentrale Stellen mitgelesen. Dies gilt natürlich nicht für normale Urlaubspostkarten.

Ansichtskarten, Umschläge und Briefmarken werden in den **tiendas** gegen Devisen verkauft.

Die Briefkästen der kubanischen Post sind blau und tragen die Aufschrift correos. *Sie sind auch in den Hotels zu finden.*

correo/correo aéreo	Postamt/Luftpost
carta/sobre (m)	Brief/Briefumschlag
sello	Briefmarke
tarjeta postal	Postkarte
paquete (m)/peso	Paket/Gewicht
fáx (m)/telegrama (m)	Fax/Telegramm
mandar, enviar	schicken, aufgeben

¿Cuánto cuesta enviar esta carta para Alemania?
wie viel (es-)kostet schicken diese Brief für Deutschland
Wie viel kostet es, diesen Brief nach Deutschland zu schicken?

¿Cuánto demora una carta para Alemania?
wie viel (es-)verzögert eine Brief für Deutschland
Wie lange braucht ein Brief nach Deutschland?

Necesito ... sellos/sobres/tarjetas postales.
(ich-)brauche ... Briefmarken/Briefumschläge/Postkarten.
Ich brauche ... Briefmarken/Umschläge/Postkarten.

telefonieren

teléfono/garita	Telefon/Telefonzelle
llamada/operadora	Anruf/Vermittlung
directorio telefónico	Telefonbuch
llamar/hablar por teléfono	anrufen/ telefonieren
ocupado/equivocado	besetzt/falsch verbunden
nadie contesta	es antwortet niemand
marcar/colgar	wählen/auflegen

Die Rechnung ist natürlich in Dollar zu bezahlen. Manchmal muss man über die Vermittlung gehen, wenn der Selbstwählverkehr überlastet ist oder nicht richtig funktioniert.

Es ist möglich, aus dem Hotel heraus zu telefonieren.

¡Permíteme una llamada por favor!
erlauben(-Sie-)-mir eine Anruf für Gefallen
Darf ich bitte mal telefonieren?

Das Gespräch beginnt man am besten mit der Frage:

¿Con quién hablo?
mit wer (ich-)spreche
Mit wem spreche ich?

¿De parte de quién?
von Seite von wer
Wer spricht da?

¿Disculpe, Juan-Carlos se encuentra?
entschuldigung, Juan-Carlos sich (er-)befindet
Entschuldigung, ist Juan-Carlos da?

¿Podría dejarle un mensaje, por favor?
(er/sie-)könnte lassen-ihm ein Nachricht, für Gefallen
Könnten sie ihm wohl etwas ausrichten?

Behörden & Ämter

In der Regel werden Touristen bei den Behörden sehr zuvorkommend behandelt. Trotzdem muss man damit rechnen, dass alles sehr lange dauert. „Beschleunigungen" durch kleine Geldbeträge sind möglich, aber nicht immer ohne Risiko. Bei überzeugten Kommunisten ist es nicht ratsam.

Touristen benötigen für die Einreise nach Kuba kein Visum. Wenn man weniger als einen Monat im Land bleibt, reicht die tarjeta de turista *(Touristenkarte) aus, die man bei der Einreise erhält. Außerdem ist ein gültiger Reisepass,* un pasaporte válido, *erforderlich.*

entrada/salida	Einreise/Ausreise
oficina/embajada	Büro/Botschaft
solicitud (w)/firma	Antrag/Unterschrift
documento/pasaporte	Dokument/Reisepass
número de pasaporte	Passnummer
nombre (m)/apellido	Vorname/Nachname
fecha/lugar (m) de nacimiento	Geburtsdatum/-ort
visa/control (m) de pasaporte	Visum/ Passkontrolle
nacionalidad (w)	Staatsangehörigkeit
aduana/ declaración (w)	Zoll(amt)/ Zollerklärung

Usted tiene que llenar este formulario.
Sie (Sie-)haben dass füllen diese Formular
Sie müssen dieses Formular ausfüllen.

Firme aquí, por favor.
(Sie-)unterschreiben hier, für Gefallen
Unterschreiben Sie bitte hier.

Polizei

Werden Touristen mit illegalem Material, wie z. B. Drogen, Sprengstoff oder ähnlichem angetroffen, werden sie meist sofort des Landes verwiesen. Vor dem Kauf von Drogen kann nur gewarnt werden, weil das sehr unangenehme Konsequenzen nach sich ziehen kann.

Im Allgemeinen sind Polizisten zu Touristen recht freundlich. Man kann sie ohne Probleme um Auskunft oder Hilfe bitten.

policía/agente (m)	Polizei/Polizeibeamter
puesto de policía	Polizeiwache
brigada de respuesta rápida	schnelle Eingreiftruppe
crimen (m)/drogas	Verbrechen/Drogen
asalto/robo/pérdida	Überfall/Raub/Verlust
ladrón (m)/ratero	Dieb/Taschendieb
seguro	Versicherung
denuncia/denunciar	Anzeige/anzeigen
cuchillo/pistola	Messer/Pistole
amenazar/molestar	bedrohen/belästigen
perder/robar	verlieren/rauben
lastimar, herir	verletzen

Me han robado todo.
mir (sie-)haben geraubt alles
Ich bin total ausgeraubt worden.

¡Por favor, ayúdeme!
für Gefallen, (Sie-)helfen-mir
Bitte helfen Sie mir!

He perdido mis documentos, mi dinero, mi equipaje.
(ich)-habe verloren meine Dokumente, mein Geld, mein Gepäck
Ich habe meine Papiere, mein Geld und mein Gepäck verloren.

Por favor, quisiera hacer una denuncia.
für Gefallen, (ich-)wollte machen eine Anzeige
Ich möchte Anzeige erstatten.

Krank sein

Das Gesundheitssystem auf Kuba hatte jahrelang den Ruf, das beste in ganz Lateinamerika zu sein. Es war kostenfrei für jeden und die Arztdichte war besonders hoch. Unter der Wirtschaftskrise hat auch dieses System gelitten. Es fehlen wichtige Arzneimittel, die zuvor aus der Sowjetunion bezogen wurden und Devisen sind knapp.

Die medizinische Versorgung für Touristen ist zufriedenstellend.

Es wird erwartet, dass Touristen für die Behandlung bezahlen, was meist kein Problem ist, da sie sowieso eine Versicherung haben

médico/dentista / especialista	Arzt/Zahnarzt/Facharzt
consulta/tratamiento	Untersuchung/Behandlung
hospital, clínica/ambulancia	Krankenhaus/Krankenwagen
cruz roja/primer auxilio	Rotes Kreuz/erste Hilfe
análisis de sangre/radiografía	Blutprobe/Röntgenaufnahme
inyección/vacunación/vendaje	Spritze/Impfung/Verband
farmacia/medicina	Apotheke/Medizin
receta/certificado médico	Rezept/ärztl. Bescheinigung
pastillas/gotas/pomada	Tabletten/Tropfen/Salbe

¡Por favor, llame a un médico, rápido!
für Gefallen, rufen(-Sie) zu ein Arzt, schnell
Bitte rufen Sie schnell einen Arzt!

¿Dónde hay una farmacia/una clínica?
wo (es-)gibt eine Apotheke/eine Klinik
Wo gibt es eine Apotheke/ein Krankenhaus?

Krank sein

Tuve un accidente.
(ich-)hatte ein Unfall
Ich hatte einen Unfall.

Me siento muy mal.
mich (ich-)fühle sehr schlecht
Ich fühle mich sehr schlecht.

Me duele el/la ...
mir (es-)schmerzt der/die ...
Ich habe ...-schmerzen

Estoy herido/herida.
(ich-)bin verletzt(m/w)
Ich bin verletzt.

¿Dónde le duele?
wo Ihnen (es-)schmerzt
Wo haben Sie Schmerzen?

Me duele la cabeza.
mir (es-)schmerzt die Kopf
Ich habe Kopfschmerzen.

asma/irritación/herida	Asthma/Ausschlag/Wunde
enfermedad/fractura	Krankheit/Knochenbruch
inconciente/sano/enfermo	bewusstlos/gesund/krank
vómitos/diarrea	Erbrechen/Durchfall
vomitar	sich erbrechen
inflamación/resfriado	Entzündung/Erkältung
catarro/vértigo, mareo	Schnupfen/Schwindel
fiebre amarilla/hepatitis	Gelbfieber/Hepatitis
úlcera/infección/fiebre	Geschwür/Infektion/Fieber
tos (con sangre)	Husten (mit Blut)
dolor (al orinar)	Schmerz (beim Wasserlassen)
dolor de cabeza/dolor de oído	Kopf-/Ohrenschmerzen
dolor de ojo/dolor de estómago	Augen-/Bauchschmerzen
dolor de muelas	Zahnschmerzen
paludismo, malaria/hongos	Malaria/Pilze
tétano/tifus	Tetanus/Typhus
quemadura/quemadura de sol	Verbrennnung/Sonnenbrand
náusea/estreñimiento	Übelkeit/Verstopfung
diábetes/diabético	Diabetes/zuckerkrank

Auf Kuba gibt es derzeit kein Gelbfieber, Cholera, Malaria oder Typhus. Eine Bedrohung stellt jedoch das Dengue-Fieber dar, eine Viruserkrankung, die von blutsaugenden Moskitos übertragen wird.

Symptome von dengue *sind Fieber, starke Augenschmerzen, Nasenbluten, Übelkeit und Erbrechen. Die Krankheit ist leicht übertragbar.*

Körperteile

brazo	Arm	**hueso**	Knochen
ojo	Auge	**cabeza**	Kopf
estómago	Bauch	**hígado**	Leber
pierna	Bein	**labio**	Lippe
apéndice (m)	Blinddarm	**pulmón (m)**	Lunge
sangre (w)	Blut	**boca**	Mund
pecho	Brust	**músculo**	Muskel
intestinos	Darm	**nuca**	Nacken
dedo	Finger	**naríz (w)**	Nase
pie (m)	Fuß	**nervio**	Nerv
cara	Gesicht	**riñón (m)**	Niere
cuello	Hals	**oreja**	Ohr
mano (w)	Hand	**garganta**	Rachen
vejiga	Harnblase	**costilla**	Rippe
piel (w)	Haut	**frente (w)**	Stirn
corazón (m)	Herz	**columna vertebral**	Wirbelsäule
rodilla	Knie	**diente**	Zahn
rótula	Kniescheibe	**lengua**	Zungele

Me mordió una culebra.
mich (sie-)biss eine Schlange
Mich hat eine Schlange gebissen.

Me fracturé el pie.
mir (er-)brach der Fuß
Ich habe den Fuß gebrochen.

Fui picado/picada.
(ich-)war gestochen(m/w)
Ich bin gestochen worden.

Tengo la tensión alta/baja.
(ich-)habe die Druck hoch/niedrig
Ich habe hohen/niedrigen Blutdruck.

Estoy embarazada.
(ich-)bin schwanger
Ich bin schwanger.

Tengo una alergía contra...
(ich-)habe eine Allergie gegen
Ich habe eine ...-Allergie.

¿Ha sido Usted vacunado/vacunada contra el tétano?
(er/sie-)hat gewesen Sie geimpft(m/w) gegen der Tetanus
Sind Sie gegen Wundstarrkrampf geimpft?

Desde hace tres días tengo fiebre/diarrea.
seit (es-)macht drei Tage (ich-)habe Fieber/Durchfall
Seit drei Tagen habe ich Fieber/Durchfall.

Tome Usted diez gotas diárias/tres veces al día.
nehmen(-Sie) zehn Tropfen tägliche/drei Male zum Tag
Nehmen Sie täglich/dreimal täglich zehn Tropfen.

Usted tiene que tomar una pastilla cada cuatro horas.
Sie (er/sie-)hat dass nehmen eine Tablette jede vier Stunden
Sie müssen alle vier Stunden eine Tablette nehmen.

Nececito un recibo con el diagnóstico detallado para mi seguro.
(ich-)brauche ein Quittung mit der Diagnose detailliert für mein Versicherung
Ich brauche eine Quittung mit einer ausführlichen Diagnose für meine Krankenversicherung.

Apotheke

laxante (m)/antibiótico	Abführmittel/Antibiotikum
farmacia/aspirina	Apotheke/Aspirin
tela adhesiva	Heftpflaster
medicina, remedio	Medikament
venda de gasa/curita/receta	Mullbinde/Pflaster/Rezept
pomada/bronceador (m)	Salbe/Sonnencreme
pastilla, tableta, comprimido	Tablette
termómetro/gota	Thermometer/Tropfen
venda/supositorio	Verband/Zäpfchen

Necesito algo contra el dolor de cabeza.
(ich-)brauche etwas gegen der Schmerz von Kopf
Ich brauche etwas gegen Kopfschmerzen.

Die Versorgung mit Medikamenten ist sehr schlecht.

Es gibt Apotheken, die komplett leer sind. Deshalb ist es zu empfehlen, Medikamente in ausreichender Menge mitzubringen.

Auch eine kleine Reiseapotheke sollte Schmerzmittel und Durchfallmittel enthalten.

Toilette

Da es in Kuba oft kein Toilettenpapier gibt, sollte man immer welches mitnehmen, wenn man sich außerhalb der Touristenhotels bewegt.

servicio, baño/	Toilette/
papel sanitario	Toilettenpapier
ocupado/libre	besetzt/frei
damas/caballeros	Damen/Herren

Tengo que ir al baño.
(ich-)habe dass gehen zum bad
Ich muss mal.

¿Dónde está el baño, por favor?
wo (er-)ist der Bad, für Gefallen
Wo ist die Toilette, bitte?

¿Usted puede prestarme el servicio, por favor?
Sie (er/sie-)kann leihen-mir der Toilette, für Gefallen
Kann ich Ihre Toilette benutzen?

Falta el papel higiénico.
(es-)fehlt der Papier hygienisch
Das Toilettenpapier fehlt.

¿Tiene Usted jabón y una toalla, por favor?
(er/sie-)hat Sie Seife und eine Handtuch, für Gefallen
Haben Sie bitte Seife und ein Handtuch?

Liebe & Sex

Die Bedeutung von Liebe hat sich in Kuba in den letzten Jahren stark gewandelt. Mit der Öffnung des Landes kam auch die (verbotene) Prostitution, die sich seither immer stärker ausbreitet. Als Tourist(in) sollte man Liebesschwüre nicht zu ernst nehmen.

amor – amar/querer	Liebe – lieben
enamorarse	sich verlieben
cariño/cariñoso	Zärtlichkeit/zärtlich
abrazo/abrazar	Umarmung/umarmen
beso/besar	Kuss/küssen

Te quiero.
dich (ich-)will
Ich liebe Dich.

Te amaré por siempre.
dich (ich-)lieben-werde für immer
Ich werde dich für immer lieben.

Nunca voy a olvidarte.
niemals (ich-)gehe zu vergessen-dich
Ich werde dich niemals vergessen.

Tu me haces falta.
du mir (du-)machst Fehlen
Du fehlst mir.

Te extraño mucho.
dich (ich-)vermisse viel
Ich vermisse Dich sehr.

¿Quieres hacer el amor?
(du-)willst machen der Liebe
Möchtest Du mit mir schlafen?

¿Tienes preservativos?
(du-)hast Präservative?
Hast Du Kondome?

¡Déjame en paz!
lasse(-du)-mich in Frieden
Lass mich in Ruhe!

¡Largo de aquí!
lang von hier
Hau ab!

Schimpfwörter

Spanisch ist reich an sehr kräftigen Flüchen und Schimpfworten. Diese werden auch häufig und gerne verwendet. Jedoch sollte man Kraftausdrücke nur dann selbst benutzen, wenn man ihre genaue Bedeutung kennt und richtig einschätzen kann.

Wenn man die kubanischen Schimpfworte studieren möchte, sollte man die solares *in den großen Städten besuchen. Das sind die Häuserblocks, wo die Kubaner dichtgedrängt wohnen.*

¡Vete al carajo!	Lass' mich in Ruhe!
¡No singes!	Verarsch mich nicht!
¡No me moleste!	Lass' mich in Ruhe!
¡Váyase! ¡Lárguese!	Hau' ab!
¡Déjate de puterías!	Du benimmst dich wie eine Hure
¡Lárgate!/¡Caramba!	Verpiss' dich!/ Verdammt!
¡Echa pa' llá!	Pack' mich nicht an!
comemierda/imbécil	Arschloch/Blödmann
maricón, pargo, pato	Schwuler
tortillera/puta	Lesbe/Hure
bocón/hijo de puta	Schwätzer/Hurensohn

Aufgrund der angespannten Situation zwischen den USA und Kuba gelten auch Worte wie **gringo** und **yanki** als Schimpfwörter.

Die kubanische Bevölkerung teilt sich in zwei große Gruppen auf: die Abkömmlinge der afrikanischen Sklaven und die Nachfahren der spanischen Kolonialisten. Rassenkonflikte gibt es nicht, eine Diskriminierung ist kaum feststellbar.

Kubaner benutzen die Worte negros *für Schwarze und* blancos *für Weiße. Dies sind keine Schimpfwörter.*

Kuba & die USA

Die Beziehungen zwischen Kuba und den USA sind seit der Machtübernahme des kommunistischen Regimes unter Fidel Castro im Jahre 1959 sehr gespannt. Nach der missglückten Invasion von Exilkubanern an der **Playa Girón**, auch Schweinebucht genannt, im Jahre 1961, verschlimmerte sich diese Situation noch.

An den Rand eines Nuklearkrieges wurde die Welt durch die sogenannte Kuba-Krise (1962) gebracht. Die Sowjets unter Chruschtschow wollten auf Kuba Mittelstreckenraketen installieren. Die Amerikaner blockierten Kuba, um den sowjetischen Schiffen den Zugang zu verwehren. Am Ende zogen sich die Sowjets zurück.

Kuba & die USA

Es gibt heute noch einen amerikanischen Flottenstützpunkt auf Kuba. Er heißt Bahía de Guantánamo *und liegt ungefähr 900 km östlich von Havanna.*

Seit dem Jahr 1962 besteht ein Handelsembargo der USA gegenüber Kuba. Zurzeit leben ca. 2 Millionen Kubaner im Exil in den USA, die einen sehr starken Einfluss in der Politik haben. In den letzten Jahren wurde der wirtschaftliche Druck auf Kuba erhöht. So wurde z. B. das Helm-Burton-Gesetz verabschiedet; dieses umfasst ein Bündel Gesetze, die alle das Ziel haben, die Wirtschaft Kubas zu beeinträchtigen. So wird Ländern, die mit Kuba Handel treiben, mit empfindlichen Strafen seitens der USA gedroht.

1980 und im Herbst 1994 versuchten viele Kubaner, das Land auf kleinen Booten zu verlassen. Daraufhin wurde ein neues Abkommen zwischen Kuba und den USA geschlossen, das beinhaltet, dass jeder Emigrant wieder zurückzuschicken ist. Pro Jahr dürfen nur 20.000 Kubaner offiziell das Land verlassen.

Estados Unidos	USA
gringo/yanki	Ami (verächtlich)
latino/hispano	Lateinamerikaner
emigrante	Auswanderer, Emigrant
ilegal/legal	illegal/legal
embargo comercial	Handelsembargo

Guantanamera

Zu guter Letzt ein kubanisches Lied, das fast jeder kennt: **Guantanamera**. Der Text stammt von José Martí. Der Dichter wurde 1853 in Havanna geboren und starb am 19.5.1895 in einer Schlacht bei Dos Ríos unweit Bayamo. Er wird als Nationalheld verehrt.

Die Melodie wurde später von Joseíto Fernández geschrieben, der vor einigen Jahren starb.

Das Lied hat viele Strophen, dies sind die ersten beiden:

Yo soy un hombre sincero
de donde crece la palma
y antes de morirme quiero
echar mis versos del alma.

Ich bin ein aufrichtiger Mensch
von dort, wo die Palmen wachsen,
und bevor ich sterbe, möchte meine
Seele das besingen, was sie quält.

Mi verso es de un verde claro
y de un carmín encendido
mi verso es de un ciervo herido
que busca en el monte amparo.

Mein Lied ist von hellem Grün,
aber auch blutrot wie die Flamme;
mein Lied ist wie ein verwundeter Hirsch,
der Schutz sucht in den Bergen.

Hauptwörter, die nicht die typisch männliche (-o) bzw. weibliche (-a) Endung aufweisen, sind mit **(m)** *bzw.* **(w)** *gekennzeichnet.*

*Unregelmäßige Tätigkeitswörter sind mit einem * gekennzeichnet. Die wichtigsten findet man im Kapitel „Unregelmäßige Verben".*

Eigenschaftswörter werden nur in der (männlichen) Grundform aufgeführt.

Abkürzungen:
m *(männlich),*
w *(weiblich),*
Ez *(Einzahl),*
Mz *(Mehrzahl)*

A

Abend tarde (w)
Abendessen cena, comida
aber pero
abfahren (von) salir*(de), irse*(de)
abfliegen (von) salir* en avión (de)
abreisen partir, salir
abschleppen remolcar
Adresse dirección
Ärger encabronamiento, enpingamiento
ärgerlich sein encabronarse
Alkohol alcohol (m)
allein solo
alles todo, por completo
als (zeitl.) cuando
als (Vergleich) que
alt viejo
Alter (Lebens-) edad
Ampel semáforo
Andenken recuerdo
anfangen comenzar*, principiar, iniciar, empezar*
Angestellte(r) empleada, empleado
Angst miedo, temor, pabor
anhalten parar
ankommen llegar (en), arrivar
Ankunft llegada
Antwort respuesta, contestación
antworten contestar
Apotheke farmacia
arbeiten trabajar
Arbeiter(in) trabajador/a
arm pobre
Arzt médico
auch también
auf sobre (örtlich)
Aufenthalt demora, estancia
aufhören terminar, finalizar
aufstehen levantarse
aufwachen despertarse
aus de
Ausfuhr exportación
Ausgang salida
ausgezeichnet excelente
Auskunft información, aviso
Ausland exterior (m)
Ausländer/ausländisch extranjero
Ausreise salida
Aussprache pronunciación
aussteigen bajar
Ausstellung exposición
Ausweis pasaporte (m)
ausziehen quitarse
Auto carro, coche
Autowerkstatt taller (m)

B

Bach riachuelo, cañada
Badeanzug traje de baño (m)
Badehose traje de baño (m)
baden bañarse
Badezimmer baño

Bahnhof estación de ferrocarril
Bahnsteig andén
bald pronto
Ballon balón
Bank (Geld) banco
Bargeld efectivo
Batterie batería
bauen construir
Bauer agricultor, campesino
Baum árbol
beeilen (sich) apurarse
beenden terminar, cortar
begleiten acompañar
begrüßen saludar
behandeln atender, curar, tratar
Behörde administración
bei con
Beispiel ejemplo
bekanntmachen, sich conocerse*
beleidigen ofender
benachrichtigen informar, avisar
Benzin gasolina
Berg montaña, monte
Beruf profesión (w)
berühmt conocido
beschäftigt ocupado
beschweren (sich) quejarse
besichtigen visitar
Besitzer dueño
besser mejor
Besserwisser testarudo
bestellen ordenar, pedir
Bestellung orden (w), pedido
bestrafen castigar
Besuch visita
besuchen visitar
betrügen engañar
betrunken borracho
Bett cama, lecho
Bettzeug cubrecama
bevor antes
bewegen mover*
Beweis prueba
bezahlen pagar, cancelar
Bier cerveza
Bild cuadro, pintura
billig barato
Binde venda
bis hasta
bisschen un poquito
Bitte ruego
Blatt hoja
bleiben quedarse
Bleistift lápiz (m)
Blume flor (m)
Boot lancha, bote
Bordsteinkante contén
Botschaft (dipl.) embajada
Brand incendio
Brauch costumbre
brauchen necesitar
breit ancho
brennen quemar
Brief carta
Briefmarke sello
Briefumschlag sobre (m)
Brille anteojos (m, Mz), lentes (m, Mz), gafas
bringen traer*
Brot pan (m)
Brücke puente (m)
Bruder hermano
Brust (weibl.) pecho
Buch libro
buchen reservar
Buchstabe letra
bunt de colores
Burg castillo
Bürger (Staats-) ciudadano
Büro oficina
Bus bus, autobús, guagua

C/D

Chauffeur conductor, chófer (m)
Chef jefe (m)
Creme crema, loción
da allá
Dach techo
Damenbinde toalla sanitaria
damit por
danach después
danke gracias
danken agradecer*
dann entonces
darum por eso
dass que
Datum fecha
dauern durar, tardar
Decke manta
denken pensar*
Denkmal monumento
deshalb por eso, por lo tanto
deutsch alemán
Deutsche(r) alemana, alemán
Deutschland Alemania
Dialekt dialecto, lenguaje
dick gordo
Diebstahl robo

dies esto
diese(r,s) aquel (m)/ aquella (w)
Ding cosa
Diskothek discoteca
Dokument(e) documento
Dolmetscher intérprete (m/w)
Dorf aldea, pueblo
dort allá
dorthin por allá
dringend urgente
dumm tonto
dunkel oscuro, opaco
dünn delgado, flaco
durch (hindurch) en medio de
Durchfall diarrea
dürfen poder
Durst (haben) tener* sed

E

echt auténtico, genuino
Ehefrau esposa
Ehemann esposo, marido
Ehepaar pareja
Ei huevo
Eigentum propiedad (w)
einander uno al otro
Einbruch robo
einfach simple, fácil
Einfuhr importación
Eingang entrada
einige algunos (m, Mz), algunas (w, Mz)
einladen invitar
Einladung invitación
einmal una vez
einsteigen entrar
eintreten entrar
einverstanden ¡de acuerdo!
Einwohner habitante
Eis (Speise-) helado
Eiter pus (m)
Eltern padres (m, Mz)
empfangen recibir
empfehlen recomendar*
Ende fin (m)
eng angosto
englisch inglés
Enkel(in) nieto, nieta
entscheiden decidir
entschuldigen, sich excusarse
Erde tierra
Ereignis evento
Erfolg éxito
erhalten recibir
erholen, sich descansar
erinnern, sich acordarse, recordar
erkältet sein tener* la gripe
erklären explicar
erlauben permitir
Erlaubnis permiso
Ermäßigung rebajo
Ersatzteil repuesto
erzählen contar*
essen comer
Etage piso, nivel
etwa más o menos
etwas algo

F

Fabrik fábrica
Faden hilo
fahren manejar, conducir
Fahrkarte boleto
Fahrplan horario
Fahrpreis pasaje (m)
Fahrrad bicicleta
Fahrstuhl elevador
Fahrzeug vehículo
falsch falso
Familie familia
Familienname apellido
Farbe color (m)
Farbfilm película en color
faul (träge) perezoso
faul (Obst) descompuesto
Fehler error (m), falla
Feier fiesta
feiern tener* la fiesta
feilschen negociar
Feld terreno
Fenster ventana
Ferien vacaciones
fern lejos
Fernsehgerät televisor (m)
fertig listo, acabado
fest firme
Fest fiesta
Fete pachanga, parranda
feucht mojado
Feuer incendio, fuego
Fieber fiebre (w)
Film película
finden encontrar*
Finger dedo
Fisch pescado, pez (m)
Flasche botella
Fleisch carne (w)
fleißig muy trabajador
fliegen volar
flirten coquetear

Flughafen aeropuerto
Flugticket boleto
Flugzeug avión (m)
Fluss río
Formular formulario
Fotoapparat cámara
Fotografie foto
fotografieren tomar una foto
Frage pregunta
fragen preguntar
Frau mujer
Fräulein señorita
frei libre
fremd extranjero
freuen, sich alegrarse, encantarse
Freund(in) amigo, amiga
freundlich amable
Freundschaft amistad (w)
Frieden paz (w)
frieren tener frío
frisch (Obst) fresco
fröhlich alegre
Frucht fruta
früh temprano
Frühling primavera
Frühstück desayuno
frühstücken desayunar
fühlen, sich sentirse*
Führung guiada
für para
fürchten, sich (vor) temer
Fuß pie (m)

G

Gabel tenedor (m)
ganz todo
Garten jardín (m)
Gas gas (m)
Gasse callejón (m)
Gast huésped (m)
Gastfreundschaft hospitalidad (w)
Gastgeber anfitrión
Gaststätte restaurante
Gebäck pasteles (m, Mz)
Gebäude edificio
geben entregar, dar*
Gebirge montaña
Gebühr contribución
Geburtstag cumpleaños (m)
gefährlich peligroso
gefallen parecer, gustar
Gefängnis cárcel (w)
Gefäß vasija
Gefühl sentimiento
gegen contra
Gegend alrededores (m, Mz)
gegenüber enfrente
Gehalt salario, sueldo
gehen ir*, andar, caminar
Geld dinero, duros
Gemüse verdura
gemütlich cómodo
genau exacto
Genosse compañero
genug bastante, suficiente
Gepäck equipaje (m)
geradeaus recto
gern con mucho gusto
Geschäft (Tätigkeit) trabajo, labor
Geschäft (Laden) negocio
Geschenk regalo
Geschichte (Historie) historia
geschlossen cerrado
Geschwister hermanos
Gesellschaft sociedad (w)
Gesetz ley (w)
Gespräch plática, conversación
gestern ayer
gesund sano, de buen salud
Gesundheit salud (w)
Getränk bebida
Gewicht peso
Gewitter tormenta
gewöhnen, sich acostumbrarse a
Gewürz condimento, especia
Gift veneno
Giftschlange culebra, venenosa
Glas (Trink-) vaso
Glas (Material) vidrio
glauben creer*
gleich (egal) igual
gleich (sofort) inmediatamente
Glück suerte (w)
glücklich feliz
Gold oro
Gott diós (m)
Gramm gramo
Grammatik gramática
Gras pasto
gratulieren felicitar
Grenze frontera
Grippe gripe (w)
groß grande
Größe tamaño
Großmutter/-vater abuela/abuelo
Gruppe grupo

grüßen, (sich) saludar(se)
gültig válido
gut bueno

H

haben haber*, tener*
Hafen puerto
Hälfte mitad (w)
halten sostener*
Haltestelle parada
Handel comercio
hart duro
hassen odiar
Hauptstadt capital (w)
Haus casa
Hausfrau ama de casa
heben levantar
Heftpflaster cinta adhesiva
heiß caliente
heißen llamarse
helfen ayudar
hell claro
Herbst otoño
Herr señor
herzlich cariñoso
heute hoy
hier aquí
Hilfe ayuda
hinten detrás
hoch alto
Hochzeit boda
hoffen esperar
höflich cortés
Holz madera
hören oir*, escuchar
Hotel hotel (m), hospedaje (w)
Hunger hambre
hungrig hambriento
Hygiene higiene (w)

I

Idee idea
Illustrierte revista
immer siempre
impfen inyectar, vacunar
Impfung inyección (w), vacunación (w)
in (zeitlich) en
in (örtlich) en, a dentro
Industrie industria
Information información
informieren, sich informarse
Insekt insecto
Insel isla
interessant interessante
interessieren, sich (für) interesarse (por)
international internacional
irren, sich equivocarse

J

ja sí, de acuerdo
Jahr año
Jahreszeit estación
jährlich anual
jeder cada uno
jedes Mal cada vez
jedoch sin embargo
jemand alguno (m), alguna (w)
jener aquel (m), aquella (w)
jetzt ahora
Journalist journalista (m/w), periodista (m/w)
jung joven
Junge joven (m)

K

Kaffee (dünn) café pendejo
kalt frío, helado
kaputt roto
Karte mapa (m)
Kasse caja
kaufen comprar
kennen conocer*
Kind niño
Kindergarten círculo infantil
Kino cine (m)
Kirche iglesia
Kleidung ropa, vestidos
Kleid vestido
klein chiquito, pequeño, corto
klug sábio, inteligente
Kneipe cantina
kochen cocinar
Koffer cofre(m), maleta
kommen llegar, venir*
kompliziert complicado
Kondom condón (m)
können poder
Konsulat consulado
kontrollieren controlar
Konzert concierto
kosten (probieren) probar
kosten (Preis) costar*, valer*
kostenlos gratuito
krank enfermo
Krankenhaus clínica, hospital
Krankheit enfermedad

kühl fresco
Kühlschrank refrigerador (m)
Kunst arte (m)
kunstgewerbliche Waren cosas típicas (w, Mz), artesanías
kurz corto
küssen besar

L

lächeln sonreir
lachen (über etwas) reirse de, burlarse (de algo)
Laden tienda
Lage (geogr.) posición
Laken sábana
Lampe lámpara
Land país (m)
Landkarte mapa (m)
Landschaft paisaje (m)
Landwirtschaft agricultura
lang (Entfernung) lejos de
lang(e) (Zeit) largo
langsam despacio, lento
langweilig aburrido
laufen correr
laut con voz alta
leben vivir
Leben vida
Lebensmittel alimentos (m, Mz)
Lebensmittelmarke libreta
ledig soltero
leer vacío
legen poner*
Lehrer(in) maestro, maestra
leicht fácil
leicht (nicht schwer) liviano
leihen, sich (von) prestar de
lernen aprender
lesen leer
Leute gente (w)
Licht luz (w)
lieben amar, querer
liebenswürdig amable
Lied canción
liegen estar* acostado (m)/acostada (w)
links a la izquierda
Löffel cuchara
Lohn sueldo, salario
lügen mentir
Lust haben tener ganas
lustig alegre

M

machen hacer*
Machete machete
Mädchen señorita, jovencita, chica
malen pintar
man se
manchmal a veces, de vez en cuando
Mann hombre
Markt mercado
Medikament medicina, remedio
Meer mar (m)
mehr más
Menge cantidad
Mensch hombre (m)
merken, sich conmemorar
Messer cuchillo
mieten alquiler
Milch leche (w)
Minute minuto
mit con
Mittagessen almuerzo
Mittag mediodía
Mode moda
möglich posible
Monat mes (m)
morgen mañana
Morgen mañana
Motor motor (m)
Motorboot lancha, yate (m)
Motorrad moto (w)
müde cansado
Müll basura
Museum museo
Musik música
müssen tener* que, deber
Mutter madre, mamá

N

nach (Richtung) a
nach (Zeit) después
Nachmittag tarde (w)
Nachricht noticia
nächstes Mal la próxima vez
Nacht noche (m)
nackt desnudo
Nadel aguja
nah cerca
Name nombre (m)
nass mojado
Nationalität nacionalidad (w)
Natur naturaleza
natürlich (nicht künstl.) natural

neben al lado de
nehmen coger, tomar
nein no
neu nuevo
neugierig curioso
nicht no
nichts nada
niedrig bajo
niemals nunca, jamás
niemand nadie
nirgendwo/-hin en ninguna parte
noch todavía, aún
noch einmal otra vez
Norden norte (m)
normal normal
notwendig necesario
Nummer número
nur sólo

O

ob si
oben arriba
Obst fruta
oder o
offen abierto
öffnen abrir
oft muchas veces
ohne sin
Öl aceite (m)
Onkel tío
Organ órgano
organisieren organizar
Ort lugar (m)
Osten este (m), oriente (m)
Österreich Austria
Österreicher(in) austríaco(a)

P

paar algunos (m, Mz), algunas (w, Mz)
Paar par (m)
Päckchen paquetito (m)
Paket paquete (m)
Palast palacio
Panne desperfecto, avería
Papier papel (m)
Park parque (m)
parken parquear
Pass pasaporte (m)
Patient patiente (m/w)
Pause pausa, descansa
Person persona
Pflanze planta
Plan plan (m)
Platz campo
Platzkarte reservación
plötzlich de repente, en seguida
Politik política
Polizei policía
Post(amt) oficina de correos
Postkarte tarjeta postal (m)
Preis precio
privat privado
Problem problema (m)
Programm programa (m)
Prospekt tarjeta, hoja de información
pünktlich puntual

Q/R

Qualität calidad (w)
Radiogerät radio (w)
Rat(schlag) consejo
rauchen fumar
Raum cuarto
rechnen calcular
Rechnung factura, cuenta
Recht derecho
rechts derecha
reden hablar
Regen lluvia
Regenschirm paraguas (m)
registrieren registrar
reich rico
Reifen goma
Reise viaje (m)
Reisebüro agencia de viajes
reisen viajar
reparieren reparar
reservieren reservar
Restaurant restaurante (m)
Rettungswagen ambulancia
richtig correcto
Richtung dirección (w)
roh crudo
Rückfahrt regreso
Rucksack salveque
rückständig atrasado
rufen (schreien) gritar
Ruhe silencio

S

Sache cosa
sagen decir*
Salbe pomada
Salz sal (w)
sammeln recoger
Sand arena
satt lleno
Satz frase (w)
sauber limpio
sauber machen limpiar
sauer ácido
Schallplatte disco
scharf picante
Scheck cheque (m)
Schere tijera
schicken mandar, enviar
schießen disparar
Schiff barco
schlafen dormir*
Schlafsack bolsa de dormir
Schlafzimmer dormitorio, cuarto
schlagen golpear, pegar
schlecht mal
Schloss (Burg) castillo
Schlüssel llave (w)
schmackhaft sabroso
Schmerz dolor (m)
schmerzen doler*
Schmuck alhajas (m), joyas
schmutzig sucio
Schnaps aguardiente
schnell rápido
schon ya
schön bonito, bello
schreiben escribir
Schuh zapato
Schuhputzer limpiabotas (m)
schuldig culpable
Schule escuela
Schüler(in) alumno, alumna
schwanger embarazada
Schweiz la Suiza
Schweizer(in) suizo, suiza
schwer (Gewicht) pesado
Schwester hermana
schwierig difícil
schwimmen nadar
schwitzen sudar
See lago
sehen ver*, mirar
Sehenswürdigkeit lugar (m) de interés
Seide seda
Seife jabón (m)
Seil cuerda
sein ser*, estar*
seit desde
Seite (Buch) página
Seite (Richtung) lado
Sekunde segundo
selbst mismo
selten raro
setzen, sich sentarse
sicher seguro
Silber plata
singen cantar
sitzen sentarse
so así
sofort inmediatamente
Sohn hijo
sollen deber
Sommer verano
Sonne sol (m)
sparen economizar, salvar
spät tarde
spazierengehen pasear
Speise alimento, comida
Speisekarte carta, menú (m)
spielen jugar
Spielzeug juguete (m)
Sport deporte (m)
sportlich deportivo
Sprache idioma (m), lengua
sprechen hablar
Spritze jeringa, jeringuilla
Staat Estado
Staatsangehörigkeit nacionalidad
Stadt ciudad (w)
stark fuerte
Staub polvo
stehen pararse
Stein piedra
Stelle (Ort) lugar (m)
stellen poner*
sterben morir*
Stimme voz (w)
Stoff tela
stören molestar
Strafe pena, castigo
Strand playa
Straße calle (w)
Streichhölzer fósforos (m, Mz)
streiten pelear
Stück pieza
Student estudiante (m/w)
Stunde hora
suchen buscar
Süden sur (m)

Summe suma
Suppe sopa
süß dulce

T

Tabak tabaco
Tablette pastilla
Tag día (m)
täglich diario
Tal valle (m)
Tankstelle gasolinera
Tante tía
tanzen bailar
Tasche bolsa
Taxi taxi (m)
Telefon teléfono
telefonieren llamar por teléfono
Telefonzelle garita
Telegramm telegrama (m)
teuer caro
Theater teatro
tief profundo
Tier animal (m)
Tochter hija
Tod muerte (w)
Toilette sanitario
Toilettenpapier papel higiénico (m)
tot muerto
töten matar
Tradition tradición
tragen cargar
traurig triste
treffen (begegnen) encontrar*
Treppe escalera
trinkbar potable
trinken tomar, beber
Trinkgeld propina
trocken seco
tschüss ¡adiós!
tun hacer
Tür puerta
Turm torre (w)

U

üben ejercer, practicar
über (örtl.) sobre
überall por todos lados
übermorgen pasado mañana
übersetzen traducir*
Übersetzer(in) traductor(a)
Überweisung transferencia
übrig sobrante
Uferpromenade malecón
Uhr reloj (m)
um (zu ...) para
Umgebung alrededores
Umleitung desvío
umtauschen cambiar, convertir
Umweg desvío
Umwelt medio ambiente
unbekannt desconocido
und y
Unfall accidente (m)
Universität universidad (w)
unschuldig inocente
unten abajo
unter debajo
Unterhaltung conversación
Unterkunft alojamiento
unterrichten (lehren) enseñar
Unterschied diferencia
unterschreiben firmar
Unterschrift firma
Urlaub vacaciones (w, Mz)

V

Valuta divisas (w, Mz)
Vater padre (m), papá (m)
verabreden (sich) hacer una cita, verse*
Verabredung cita
verabschieden, sich despedirse*
verboten (sein) prohibido
Verbrechen crimen (m)
verdienen ganar
vergessen olvidar
vergnügen, sich entretenerse*, divertirse
verirren, sich perderse
verkaufen vender
verleihen (an) prestar a
verletzt lastimado, herido
Verletzung herido
verlieben, sich enamorarse
verlieren (Dinge) perder*
vermieten alquiler
Vermittlung operador (m)
Versicherung seguro
verspäten, sich tardarse
versprechen, sich equivocarse

verstehen comprender, entender*
versuchen tratar
viel mucho
vielleicht tal vez, quizás
Vogel pájaro
Vogelzüchter pajareros
Volk pueblo
voll lleno
von de
vor delante (örtl.), hace (zeitl.)
vorbereiten preparar
vorgestern anteayer
vorher antes
Vormittag mañana
vorne delante
Vorname nombre (m)
vorschlagen proponer*
vorstellen imaginarse
vorstellen, sich presentarse a alg.
Vorwahlnummer código regional

W

Wagen carro, coche
wahr cierto
während durante, mientras
Wald bosque (m)
Wand pared (w)
wandern marchar
wann ¿cuándo?
Ware mercancía
warm caliente
warten esperar
warum ¿por qué?
was ¿qué?
waschen, (sich) lavar(se)
Wasser agua
Watte algodón
wechseln cambiar
wecken despertar
Weg camino
wegen por
weiblich feminino
weil porque
weinen llorar
weit lejos, largo
wenig poco
wenn (als) cuando
wenn (falls) si
werden llegar a ser
Westen oeste (m), occidente (m)
Wetter tiempo
wichtig importante
wieder de nuevo, otra vez
wiederholen repetir
wie viel ¿cuánto?
Wind aire (m), viento
Winter invierno
wissen saber*
wo ¿dónde?
Woche semana
woher ¿de dónde?
wohin ¿a dónde?
wohnen vivir
Wohnung habitación (w)
wollen querer*
Wort palabra
Wörterbuch diccionario
Wunde herido
wünschen desear

Z

zahlen pagar
Zahnarzt dentista (m)
Zahnpasta pasta dental
zeigen mostrar
Zeit tiempo
Zeitung periódico
Zelt tienda de campaña
Zentrum centro
Zigarette cigarillo
Zimmer cuarto
Zoll aduana
zu Fuß a pie
Zucker azúcar (m)
Zuckerrohr caña de azúcar
Zuckerrohrernte zafra
zufrieden contento
Zug tren (m)
zurück por atrás
zusammen junto
zu viel demasiado
zwischen entre

A

a nach (Richtung)
a dentro in (örtlich)
¿a dónde? wohin
a la medida sitzen, passen (Kleidung)
a pie zu Fuß
a veces manchmal
abajo unten
abierto offen
abuela Großmutter
abuelo Großvater
aburrido langweilig
accidente (m) Unfall
aceite (m) Öl
ácido sauer
acostumbrarse sich gewöhnen
¡adiós! tschüss
administración (w) Behörde
aduana Zoll
aeropuerto Flughafen
agencia de viajes Reisebüro
agricultor (m) Bauer
agua Wasser
ahora jetzt
aire (m) Wind, Luft
al lado de neben
alcohol Alkohol
aldea Dorf
alegrarse sich freuen
alegre lustig, fröhlich
alemana, alemán Deutsche(r)
Alemania Deutschland
algo etwas
algodón Baumwolle
algunas (w, Mz) paar, einige
alguno (m) jemand
algunos (m, Mz) einige, paar
alimentos Lebensmittel
almorzar essen
almuerzo Mittagessen
alojamiento Unterkunft
alquiler (ver)mieten
alrededores (m, Mz) Gegend
alto hoch
alumno Schüler
ama de casa Hausfrau
amable freundlich
amar lieben
amiga Freundin
amigo Freund
amistad (w) Freundschaft
ancho breit
andar gehen
anfitrión Gastgeber
angosto eng
animal (m) Tier
anteayer vorgestern
anteojos (m, Mz) Brille
antes bevor
anual jährlich
año Jahr
apellido Familienname
aprender lernen
apurarse sich beeilen
aquel/aquella (m/w) diese(r,s) dort
aquí hier
arena Sand
arrivar ankommen
artesanías kunstgewerbliche Waren
así so
atender behandeln
atrasado rückständig
aun noch
Austria Österreich
austríaco Österreicher
avión (m) Flugzeug
avisar benachrichtigen
aviso Auskunft
ayudar helfen

B

Bahía de Cochinos Schweinebucht
bajar aussteigen
bajo niedrig
banco Bank (Geld)
bañarse baden
barato billig
barco Schiff
batería Batterie
bebida Getränk
bello schön
besar küssen
bicicleta Fahrrad
boda Hochzeit
boleto Fahrkarte
bolsa de dormir Schlafsack
bolsa Tasche
bonito schön
borracho betrunken
bosque (m) Wald
bote (m) Boot
botella Flasche
bueno gut
burlarse (de) sich lustig machen (über)
buscar suchen

C

cada uno jeder
cada vez jedes Mal

caimán barbudo bärtiger Kaiman (Name Kubas wegen seiner Form)
caja Kasse
calcular rechnen
calidad Qualität
caliente heiß, warm
calle (w) Straße
callejón (m) Gasse
cama Bett
cambiar umtauschen
caminar gehen
camino Weg
campesino Bauer
campo Platz
caña de azúcar Zuckerrohr
cañada Bach
cancelar bezahlen
canción Lied
cansado müde
cantidad (w) Menge, Quantität
cantina Kneipe
cargar tragen
cariñoso herzlich
caro teuer
carro Wagen, Auto
carta Brief
casa Haus
casco viejo Altstadt Havannas
casete Kassette
castigar bestrafen
castigo Strafe
castillo Schloss, Burg
cementerio Friedhof
cena Abendessen
cenar essen
central (w) de azúcar Zuckerfabrik
centro Zentrum
cerca nah
certificados Touristengeld
cerveza Bier
chaveta breites Tabakmesser
cheque Scheck
chica Mädchen
chivato Denunziant
chófe (m) Chauffeur
cierto wahr
cine (m) Kino
círculo infantil Kindergarten
cita Verabredung
ciudad (w) Stadt
ciudadano (Staats-)Bürger
claro hell
cocinar kochen
código regional Vorwahlnummer
cofre (m) Koffer
coger nehmen
colegio Schule
colero bezahlter Schlangesteher
color (m) Farbe
comenzar anfangen
comer essen
comida Speise
como wie
cómodo gemütlich
compañero Genosse
complicado kompliziert
comprar kaufen
comprender verstehen
con bei, mit
con mucho gusto gern
con voz alta laut
concierto Konzert
condimento Gewürz
condón (m) Kondom
conductor (m) Chauffeur
conmemoración (w) An-, Gedenken
conmemorar denken an, gedenken
conocer* kennen
conocido berühmt
construir bauen
consulado Konsulat
contén Bordsteinkante
contestación Antwort
contestar antworten
contra gegen
controlar kontrollieren
conversación (w) Gespräch
convertir umtauschen
coquetear flirten
correcto richtig
cortar beenden
corto klein, kurz
cosa Sache, Ding
cosas típicas (w, Mz) kunstgewerbliche Waren
costar* kosten (Preis)
creer* glauben
crema medicinal Salbe
crimen Verbrechen
cuadro Bild
cuando wenn, als (zeitl.)
cuarto Zimmer, Raum
cubrecama Bettzeug
cuchara Löffel
cuerda Seil
culpable schuldig
cumpleaños (m) Geburtstag
curar behandeln
curioso neugierig

D

dar* geben
de aus
¡de acuerdo! ja, einverstanden
de buen salud gesund
de colores bunt
de nuevo wieder
de vez en cuando manchmal
debajo unter
deber sollen, müssen
decir* sagen
dedo Finger
delante vorne, vor (örtl.)
delator Denunziant
delgado dünn
demasiado zu viel
demora Aufenthalt
dentista (m) Zahnarzt
derecha rechts
derecho Recht
desayunar frühstücken
desayuno Frühstück
descansa Pause
descansar sich erholen/ausruhen
descompuesto faul (Obst)
desconocido unbekannt
desde seit
desear wünschen
desnudo nackt
despacio langsam
despedirse* sich verabschieden
despertar wecken
despertarse aufwachen
después danach, nach (Zeit)
desvío Umleitung, Umweg
detrás hinten
dialécto Dialekt
diario täglich
diccionario Wörterbuch
difícil schwierig
dinero Geld
diós (m) Gott
dirección Richtung, Adresse
disco Schallplatte
divertirse sich vergnügen
documento Dokument(e)
doler* schmerzen
dolor (m) Schmerz
dormir* schlafen
dormitorio Schlafzimmer
dueño Besitzer
dulce süß
duro hart
duros Geld

E

economizar sparen
edad (Lebens-)Alter
edificio Gebäude
ejemplo Beispiel
ejercer üben
él er
ella sie (Ez)
ellas (w, Mz) sie (Mz)
embajada Botschaft (dipl.)
embarazada schwanger
empleada/(o) Angestellte/(r)
en in (zeitlich, örtl.)
en medio de (hin-)durch
en seguida plötzlich
enamorarse sich verlieben
encaminar begleiten
encontrar* treffen (begegnen)
enfermedad Krankheit
enfermo krank
engañar betrügen
enseñar unterrichten (lehren)
entender* verstehen
entonces dann
entrada Eingang
entrar eintreten
entre zwischen
entregar geben
entretenerse* sich vergnügen
enviar schicken, senden
equipaje (m) Gepäck
error (m) Fehler
escalera Treppe
escuchar hören
escuela Schule
esperar hoffen, warten
esposa Ehefrau
estación (w) del ferrocarril Bahnhof
estancia Aufenthalt
estar* sein
estar* acostado (m) liegen
este Osten
esto dies
estudiante (m/w) Student(in)
evento Ereignis
exacto genau
excusarse sich entschuldigen
exportación (w) Ausfuhr
exposición (w) Ausstellung

exterior (m) Ausland
extranjero Ausländer, ausländisch, fremd

F

factura Rechnung
falla Fehler
falso falsch
familia Familie
farmacia Apotheke
fecha Datum
felicitar gratulieren
feliz glücklich
feminino weiblich
fiebre (w) Fieber
fiesta Fest
finalizar aufhören
firma Unterschrift
firmar unterschreiben
firme fest
flaco dünn
formulario Formular
fósforos (m, Mz) Streichhölzer
foto Fotografie
frase (w) Satz (gram.)
fresco kühl, frisch
frío kalt
frontera Grenze
fruta Frucht, Obst
fuego Feuer
fuerte stark
fumar rauchen

G

garita Telefonzelle
gas (m) Gas
gasolina Benzin
gasolinera Tankstelle
gato Katze
gente (w) Leute
grabadora Kassettenrecorder
gracias danke
gramo Gramm
gratuito kostenlos
gripe (w) Grippe
gritar rufen, schreien
guagua Bus
guarapo Zuckerrohrsaft
guiada Führung
gustar gefallen

H

haber* haben
habitación Wohnung
habitante Einwohner
hablar sprechen, reden
hace vor (zeitl.)
hacer* tun
hacer* una cita sich verabreden
hambre Hunger
hasta bis
helado (Speise-)Eis; kalt
herido Verletzung
hermana Schwester
hermano Bruder
higiéne (w) Hygiene
hija/hijo Tochter/Sohn
hilo Faden
historia Geschichte
hoja Blatt
hombre (m) Mann, Mensch
hondo tief
hora Stunde
horario Fahrplan
hospital (m) Krankenhaus
hospitalidad (w) Gastfreundschaft
hoy heute
huésped Gast
huevo Ei
húmedo feucht

I

idioma (m) Sprache
iglesia Kirche
importación Einfuhr
incendio Brand, Feuer
información (w) Auskunft, Information
informante (m) Denunziant
informar benachrichtigen
informarse sich informieren
inglés englisch
iniciar anfangen
inyectar impfen
insecto Insekt
interesarse por sich interessieren für
internacional international
invierno Winter
invitación (w) Einladung
invitar einladen
ir* gehen
irse* (de) abfahren (von)
isla Insel
izquierda links

J

jabón Seife
jamás niemals

jardín (m) Garten
jefe (m) Chef
jeringa/jeringuilla Spritze
journalista (m/w) Journalist(in)
joven jung
jugar spielen
juguete (m) Spielzeug
junto zusammen

L

labor (m) Geschäft (Tätigkeit)
lado Seite (Richtung)
lámpara Lampe
lancha (Motor-)Boot
lapicero Kugelschreiber
lápiz (m) Bleistift
largo lang(e) (Zeit)
lastimado verletzt
lavar(se) (sich) waschen
lecho Bett
leer lesen
lejos weit, fern
lengua Sprache
lenguaje Dialekt
lento langsam
letra Buchstabe
levantar heben
ley (w) Gesetz
libre frei
libro Buch
limpio sauber
limpiar sauber machen
listo fertig
lugar (m) de interés Sehenswürdigkeit

LL

llave (w) Schlüssel
llegada Ankunft
llegar ankommen
llegar a ser werden
lleno satt, voll
llorar weinen
lluvia Regen

M

machete Machete
machetero Machetenmann (Zuckerrohrernte)
madera Holz
maestra Lehrerin
maestro Lehrer
mal schlecht
malecón Uferpromenade
maleta Koffer
mamá Mutter
mandar schicken, senden
mandar a traer bestellen
manta (Bett-)Decke
mañana morgen, Morgen, Vormittag
mapa (m) (Land-)Karte
mar (m) Meer
marchar wandern
marido Ehemann
más mehr
más o menos etwa
matar töten
medicina Medikament
médico Arzt
mejor besser
mentir lügen
menú (m) Speisekarte
mercancía Ware
mes (m) Monat
mi mein
miedo Angst
mientras während
minuto Minute
mirar sehen
mitad (w) Hälfte
moda Mode
mogotes Kalksteinkegel
mojado feucht, nass
molestar stören
montaña Berg, Gebirge
monumento Denkmal
morir* sterben
moto (w) Motorrad
muchas veces oft
mucho viel
muerte (w) Tod
muerto tot
museo Museum
música Musik

N

nacionalidad Nationalität
nadar schwimmen
nadie niemand
natural natürlich
necesitar brauchen
negociar feilschen
negocio Geschäft (Laden)
negrito kleiner schwarzer Vogel
nieta Enkelin
nieto Enkel
no nicht
no pasarán unerwünschte Personen (US-Amerikaner)

noche (m) Nacht
nombre (m) (Vor-)Name
normal normal
norte (m) Norden
nosotros wir
noticia Nachricht
nuestro/a unser/e
nuevo neu
número Nummer
nunca niemals

O

o oder
occidente (m) Westen
oeste (m) Westen
ofender beleidigen
oficina de correos Post(amt)
oir* hören
olvidar vergessen
operador (m) Vermittlung
opinión (w) Meinung
ordenar bestellen
organizar organisieren
órgano Organ
oriente (m) Osten
oro Gold
otoño Herbst
otra vez noch einmal

P

pabor Angst
pachanga Fete, Party
padre Vater
padres (m, Mz) Eltern
pagar (be)zahlen
país (m) Land
paisaje (m) Landschaft
pájaro Vogel
pajareros Vogelzüchter
palabra Wort
palacio Palast
pan (m) Brot
papá Vater
papel (m) Papier
paquetito Päckchen
par (m) Paar
para für, um, um zu ...
parada Haltestelle
parar anhalten
pararse stehenbleiben
parecer gefallen
pared (w) Wand
pareja Ehepaar
parque (m) Park
partir abreisen
pasado mañana übermorgen
pasaje (m) Fahrpreis
pasaporte Ausweis, Pass
pasar vorbeigehen, durchreisen
pasear spazierengehen
pasta dental Zahnpasta
pastilla Tablette
pasto Gras
patiente (m/w) Patient(in)
pausa Pause
pecho Brust(korb)
pedir* bestellen, bitten
pegar schlagen
pelear streiten
película Film
peligroso gefährlich
pena Strafe
pequeño klein
perderse sich verirren
perezoso faul, träge
periódico Zeitung
permiso Erlaubnis
permitir erlauben
pero aber
pez (m) Fisch
picante scharf
pie (m) Fuß
piedra Stein
pintar malen
plan (m) Plan
planta Pflanze
plata Silber
pobre arm
poder dürfen
policía Polizei
política Politik
poner* legen, stellen
por damit, wegen, um zu ...
por allá dorthin
por atrás zurück
por completo alles
por eso deshalb, darum
por lo tanto deshalb
¿por qué? warum
posible möglich
posición Lage (geogr.)
precio Preis
pregunta Frage
preguntar fragen
preparar vorbereiten
presentarse a alguien sich vorstellen
prestar a verleihen (an)
prestar de sich leihen (von)
primavera Frühling
principiar anfangen
privado privat
problema (m) Problem
profesión (w) Beruf
programa (m) Programm
prohibido verboten (sein)

pronto bald
pronunciación (w) Aussprache
propiedad Eigentum
propina Trinkgeld
proponer* vorschlagen
prueba Beweis
pueblo Dorf, Volk
puente (m) Brücke
puerto Hafen
puntual pünktlich
pus (m) Eiter

Q

¿qué? was, was für ein(e)
que dass; als (Vergleich)
quedarse bleiben
quejarse sich beschweren
quemar brennen
querer* lieben, wollen
¿quién? wer
quizás vielleicht

R

radio (w) Radiogerät
rápido schnell
raro selten
rebaja Ermäßigung, Rabatt
recibir erhalten, empfangen
recoger sammeln
recomendar* empfehlen
recordarse sich erinnern
recto geradeaus
recuerdo Andenken
refrigerador (m) Kühlschrank
regalo Geschenk
registrar registrieren
regreso Rückfahrt
reirse de lachen (über etwas)
reloj Uhr
remedio Medikament
remolcar abschleppen
reparar reparieren
repetir wiederholen
repuesto Ersatzteil
reservación (w) Reservierung
respuesta Antwort
restaurante (m) Gaststätte, Restaurant
riachuelo Bach
rico reich
río Fluss
robo Diebstahl, Einbruch
ropa Kleidung
roto kaputt

S

saber* wissen
sabio klug
sal (w) Salz
salario Lohn, Gehalt
salida Ausgang
salir* (de) abreisen, abfahren (von)
salir* en avión (de) abfliegen (von)
salud (w) Gesundheit
saludarse sich grüßen
salvar sparen
salveque Rucksack
sanitario Toilette
sano gesund
se man
seco trocken
seda Seide
segundo Sekunde
seguro sicher, Versicherung
sello Briefmarke
semana Woche
sentarse sich setzen, sitzen
sentimiento Gefühl
señorita Fräulein, Mädchen
ser* sein
si wenn (falls), ob
sí ja
silencio Ruhe, Stille
simple einfach
sobre (m) Briefumschlag
sobre über (örtl.)
sociedad (w) Gesellschaft
sol (m) Sonne
solares Wohnblocks für Arme
sólo nur, erst
solo allein
sopa Suppe
sostener* halten
su ihr(e), sein(e)
sucio schmutzig
sudar schwitzen
suficiente genug
súplica Bitte
sur (m) Süden

T

tabaco Tabak
tabaquero Arbeiter in Tabakfabrik
taller (m) Autowerkstatt

tamaño Größe (Kleidung u. ä.)
también auch
tardarse sich verspäten
tarde (w) Abend
tarjeta de huésped Hotelausweis
taxi (m) Taxi
teatro Theater
techo Dach
teléfono Telefon
telegrama (m) Telegramm
televisor (m) Fernsehgerät
temer sich fürchten (vor)
temor Angst
tener frío frieren
tener* la fiesta feiern
tener* la gripe erkältet sein
tener* que müssen
tener* sed Durst (haben)
terminar beenden, aufhören
terraplén Feldweg
terreno Feld
tia Tante
tiempo Zeit, Wetter
tienda de campaña Zelt
tierno frisch (Obst)
tierra Erde
tijera Schere
timbre (m) Briefmarke
tinaja Keramiktrinkgefäß (wird auf Zuckerrohrfeldern benutzt)
tio Onkel
todavía noch
todo ganz
tomar nehmen, trinken
tomar una foto fotografieren
tonto dumm
tormenta Gewitter
torre (w) Turm
trabajador(a) Arbeiter(in)
tradición (w) Tradition
traducir* übersetzen
traductor(a) Übersetzer(in)
traje de baño (m) Badeanzug, Badehose
transferencia Überweisung
trapiche Zuckerrohrmühle
tratar versuchen
tren (m) Zug

U

un poquito bisschen
una vez einmal
universidad (w) Universität
urgente dringend
usar gebrauchen
Usted (Ez) Sie (Höflichkeitsform)
Ustedes (Mz) Sie (Höflichkeitsform)

V

vacaciones (w, Mz) Urlaub, Ferien
vacío leer
vacunar impfen
valer* kosten (Preis)
válido gültig
valle (m) Tal
vasija Gefäß
vaso Glas (Trink-)
venda Binde
veneno Gift
venenosa Giftschlange
venir* kommen
ver* sehen
verdadero echt
verdes Dollar
verdura Gemüse
vestimenta Kleidung
viajar reisen
vida Leben
vidrio Glas (Material)
viejo alt
visitar besuchen, besichtigen
vivir leben
volar fliegen
vosotras/vosotros (w/m) Ihr (Pers.pr.)
voz (w) Stimme

Y/Z

y und
ya schon
yate (m) Motorboot
yo ich
zapato Schuh

Der Autor

Alfredo L. Hernández (Jahrgang 1957), in Matanzas (ca. 100 km von Havanna entfernt) geboren, wuchs in Havanna auf. Er war einer der ersten, die in Kuba eine zweijährige Ausbildung auf dem Tourismussektor absolvierten. Danach arbeitete er als Entertainer, Fremdenführer und auf dem Public Relations Sektor.

Seine Liebe gilt der Musik. Er war Musiker in verschiedenen Salsa- und Rockformationen, spielt aber auch klassische Musik.

Alfredo bedankt sich sehr herzlich bei seinem Co-Autor Dietrich Franke für dessen Mitarbeit.